Nachhaltig schnabulieren

Bestandteile einer für Mensch und Planet gesunden Ernährung, in Prozent*

*Quelle: EAT-Lancet Commission (Hg.): Food Planet Health, auf: eatforum.org; Ungenauigkeiten entstehen durch Rundung.

Jeden Tag geschmökert

Ich bin richtig gut drauf. Und das schon seit zwei Monaten. Seitdem bekomme ich nämlich die niedlichsten, herzlichsten und schönsten Mails an die CÖRNCHEN-Mail-Adresse. Beispiel: Leni, 8 Jahre. Ihr gefällt die erste Ausgabe des Kindermagazins so gut, dass sie gerne das Maskottchen (Waschbär Lauri) als Kuscheltier hätte. Oder Finn, der im Urlaub jeden einzelnen Tag im CÖRNCHEN geschmökert hat. Obwohl das Heft gerade mal sechzehn Seiten lang ist. Auch Antonia, Grundschullehrerin aus Berlin, hatte eine gute Idee: Sie hätte gerne 43-mal das Heft, um mit ihren zwei Klassen das Thema Demokratie zu behandeln. Über diese Nachricht habe ich mich wirklich so richtig gefreut, denn genau das ist die Idee: Kindern spielerisch komplexe und relevante Sachverhalte zu erklären und ihre Neugier zu wecken. Natürlich auch mit Witzkarten.

Die Mails haben aber nicht nur Spaß gemacht, sondern auch dabei geholfen, das CÖRNCHEN weiterzuentwickeln. Die Schwestern Alma und Arami hatten nämlich fürs nächste Heft einen ganz speziellen Artikelwunsch und haben das Ding dann einfach selbst geschrieben. Ab jetzt gibt es also immer auch einen Gastartikel von den Kindern. Sie sollen einfach selbst schreiben, was sie interessiert – die Redaktion korrigiert, lektoriert und erstellt die Grafiken.

Es ist ein tolles Gefühl, Kinder zu ermutigen, sich ihre Meinung selbst zu bilden, auf Grundlage von Wissenschaft und Daten. Und darum liegt dem Magazin zum zweiten Mal das CÖRNCHEN bei – dieses Mal sogar mit zwanzig Seiten.

CORNELIA SCHIMEK
Redakteurin + KATAPULT-Cörnchen

Dengeln

Vor zehn Jahren habe ich das erste Mal einen Wunsch formuliert, der von manchen Leuten belächelt wurde – einen Wunsch, der zur falschen Zeit (Medienkrise) am falschen Ort (Greifswald) und zudem von einer unfähigen, aber überzeugten Person (mir) vorgetragen wurde:

Ich will ein Magazin gründen.

Dass dieser Wunsch ein Jahr später in Erfüllung gegangen ist und sich dieses Magazin sogar selbst finanziert hat, lag weder am Geschäftsplan noch an unserer genialen Marktanalyse. Es hat funktioniert, weil Tim Ehlers und ich daran geglaubt haben, dass Menschen (ihr!) freiwillig ein Magazin abonnieren, obwohl wir es gleichzeitig auch kostenlos anbieten. Diese Idee der Solidarität war die dümmste all unserer Geschäftsideen, haben uns Berater damals gesagt. Das würde der Großteil nur ausnutzen, meinten sie. Es funktioniert bis heute.

Ich konnte übrigens nur deshalb studieren, weil ich in einen Sozialstaat geboren wurde, in dem Studierende Bafög bekommen. Dafür bin ich dankbar und deshalb soll auch KATAPULT weiterhin solidarisch funktionieren. Wer hat, der zahlt. Wer nichts hat, bekommt trotzdem alles.

Nun sind genau zehn Jahre KATAPULT rum und ich möchte wieder einen Wunsch formulieren, der von manchen belächelt werden wird – ein Wunsch, der zur falschen Zeit (immer noch Medienkrise) am richtigen Ort (Medienstadt Greifswald!) von einer halbfähigen und überzeugten Person (mir) vorgetragen wird:

Ich will, dass KATAPULT auf das Niveau der New York Times steigt!

Es ist genau der richtige Zeitpunkt. Denn wir machen immer mal wieder ein paar Fehler. Das muss aufhören. Unsere Qualität ist meistens hoch, ich will aber, dass wir ein neues Level erreichen. Wir haben in den letzten zwei Ausgaben bereits damit begonnen, aber ich meine es alles viel größer und umfangreicher. KATAPULT muss neu gedacht werden!

Um diesem Wunsch überhaupt auch nur eine Chance zu geben, bin ich zur *New York Times* gefahren. Aber die Security hat mich nicht reingelassen, weil ich keinen Termin gemacht hatte. Beim zweiten Besuch war ich dann angemeldet. Wir haben verhandelt und einen Vertrag geschlossen. Worüber? Wir kombinieren das beste aus beiden Redaktionen: die tiefschürfenden Analysen der New York Times mit den Detailgrafiken unseres Geopolitikmagazins PULTU. Das ist natürlich ein riesengroßer Ritterschlag für die New York Times!

Im Ernst: Es ist der richtige Zeitpunkt, um KATAPULT in eine neue Sphäre zu ~~bumm~~dengeln und ich will, dass KATAPULT organisatorisch von den Besten der Welt lernt und von der Kreativität her so selbstbewusst bleibt, wie wir immer waren!

Die Weichen haben wir dafür bereits gestellt und beispielsweise unsere kaufmännische Leitung in die erfahrenen, aber jung aussehenden Hände von Sebastian Beyer gegeben. Er war neun Jahre lang für die Finanzen der *Zeit* zuständig. Mit ihm sind noch weitere erfahrene Kräfte zu uns gekommen. Diese Professionalisierung tut KATAPULT gut.

Auch unser Preismodell wird sich „professionalisieren“. KATAPULT kostet ab November 5 Euro pro Monat und wird euch dafür den Zugriff auf alle Karten und Artikel (KATAPULT + KNICKER + PULTU + CÖRNCHEN + Onlineartikel + Spiele) gewähren. Das gilt für die letzten zehn Jahre unserer Existenz und auch für die

Zukunft. Ihr bekommt also Zugriff auf alles! Wir wollen es so ähnlich aufbauen wie bei Wikipedia. Wer zusätzlich ein Magazin ausgedruckt und zugeschickt haben will, zahlt ab jetzt je einen Euro für Druck und Versand. Kurz:

+ 5 € Basis
+ 1 € KATAPULT gedruckt
+ 1 € KNICKER gedruckt
+ 1 € PULTU gedruckt
(CÖRNCHEN bleibt weiterhin kostenlos und wird dem KATAPULT-Magazin beigelegt)

Ihr seht schon, ihr könnt das Abo wie ein Legosystem bauen. Wir sind mit dieser Umstellung noch weit unter den Preisen von anderen Medien, aber für euch ist die von mir nett beschriebene Professionalisierung eine Preiserhöhung.

Und: Es bleibt solidarisch. Wer es sich nicht leisten kann, der meldet sich per Mail bei uns und kann KATAPULT weiterhin auch kostenlos bekommen. Meldet euch hier: *redaktion@katapult-magazin.de*

KATAPULT wird dadurch etwa zwei Millionen Euro pro Jahr mehr Umsatz machen. Dieses Geld wollen wir so einsetzen, dass wir das oben genannte Ziel erreichen: die Qualität der New York Times. Konkret heißt das: Wir gründen diese drei neuen Abteilungen bei KATAPULT:

1. Qualitätssicherung
- Quellenkunde: wird durch die Wirrungen der KI-Revolution immer wichtiger
- Dokumentation vergrößern: prüft Karten und Artikel auf inhaltliche Korrektheit
- Lektorat vergrößern: prüft Karten und Artikel auf sprachliche Korrektheit

2. Wissenschaftsredaktion
- Wissenschaftsthemen müssen wieder gestärkt werden

3. Big-Data-Redaktion
- wir wollen wieder mehr Kraft darin investieren, komplexe Daten zu behandeln

Wozu machen wir das alles eigentlich? Es hätte doch auch mehr oder weniger gleichförmig weitergehen können. Das stimmt. Und dennoch wäre es die falsche Entscheidung.

Wir wollen, dass KATAPULT der wachsenden Menge an Wissenschaftsfeinden trotzt, dass KATAPULT zum sicheren Hafen für korrekte Daten wird, dass KATAPULT die dauerfalschen und quellenlosen Infos der KI-Maschinerie berichtigt und natürlich weiterhin Volksbildung betreibt. Daten, Fakten, Karten!

Persönliche Bemerkung
Vor zwei Jahren hat KATAPULT mit eurer Hilfe eine drohende Insolvenz abgewendet. Damals hatten wir nach eurer Meinung gefragt und so viele relevante Hinweise bekommen, dass wir daraufhin unser Verhalten angepasst haben. Ich will das nun auch in dieser stabilen und hoffnungsvollen Zeit wieder machen und euch bei unserer großen Umstellung transparent mitnehmen.

Auf der Seite *katapult-opti.de* findet ihr ein PDF, in dem der gesamte eben skizzierte KATAPULT-Plan im Detail steht. Lest ihn euch durch und gebt uns gerne Hinweise, Feedback und Ideen: *benni.fredrich@katapult-magazin.de*

BENJAMIN FREDRICH
Herausgeber

Die beste Laune der Welt

Das hat ja irre Spaß gemacht! Vor ein paar Wochen ist das erste CÖRNCHEN erschienen. Danach sind zwei Sachen passiert. Erstens: Ich habe durch eure vielen Mails die beste Laune der Welt bekommen. Zweitens: Ich denke pausenlos darüber nach, welche Artikel euch interessieren könnten. Bis ich eine Mail von Arami und Alma bekommen habe. Die Schwestern haben nämlich einfach selbst ein Thema vorgeschlagen und dazu einen Artikel geschrieben. Und der ist super geworden, wie ihr auf Seite 12 lesen könnt. Sie haben mich so auf eine Idee gebracht: Wieso schreibt ihr nicht einfach selbst darüber, was euch interessiert? Ab jetzt gibt es im CÖRNCHEN also immer auch einen Artikel von euch.

Und so kannst du mitmachen: Wenn du eine Idee hast, schick mir eine Mail an **coernchen@katapult-magazin.de**. Unter allen Einsendungen losen wir am 20. Oktober einen Vorschlag aus. Wenn du gewinnst, melden wir uns bei dir und du kannst mit dem Schreiben loslegen. Falls du ein bisschen später dran bist, ist das auch okay. Schreib mir trotzdem – dann bist du automatisch im Lostopf für das übernächste CÖRNCHEN. Ich bin total gespannt auf deine Idee!

WIE NENNEN SICH LÄNDER EIGENTLICH SELBST?

Es gibt Länder, die auf Deutsch etwas oder sogar völlig anders heißen als in der jeweiligen Landessprache. Seht selbst:

CÖRNCHEN

KATZEN SCHLAFEN AM LIEBSTEN AUF DER LINKEN SEITE

Ein Forscherteam hat sich viele Hundert Katzenvideos im Internet angeschaut. Dabei bemerkten die Wissenschaftler, dass die Tiere beim Liegen die linke Seite bevorzugten. Sie vermuten, dass sich die Katzen auf diese Weise besser vor Fressfeinden schützen können. Denn die Vierbeiner sind nicht nur Raubtiere, sondern in der freien Wildbahn auch Beutetiere, zum Beispiel für Kojoten. Um sich vor Feinden zu verstecken, schlafen Katzen oft auf Bäumen. Ein Raubtier kann sich ihnen also nur von unten nähern.

Und warum ist es dann für Katzen gut, auf der linken Seite zu schlafen? Das hat mit dem Katzengehirn zu tun. Denn: Bei Menschen und Tieren sind Gehirne in zwei Hälften aufgeteilt. Jede Hälfte ist für ganz bestimmte Aufgaben zuständig. Die zweite Besonderheit ist, dass jede Gehirnhälfte die genau andere Seite vom Körper steuert. Also: Die rechte Gehirnhälfte kontrolliert den linken Arm und das linke Auge. Bei Katzen ist die rechte Hälfte darauf spezialisiert, Gefahren besonders gut zu erkennen und schnell zu reagieren.

Kommt ein Fressfeind unter den Baum, auf dem die Katze schläft, ist es also am besten, wenn sie auf der linken Seite liegt und das linke Auge beim Aufwachen direkt auf den Kojoten gerichtet ist. Dann geht die Information direkt in die rechte Gehirnhälfte, die sehr gut darin ist, auf Fressfeinde zu reagieren.

WIE VIELE STUNDEN SCHLAFEN DIESE TIERE AM TAG?

Artikel

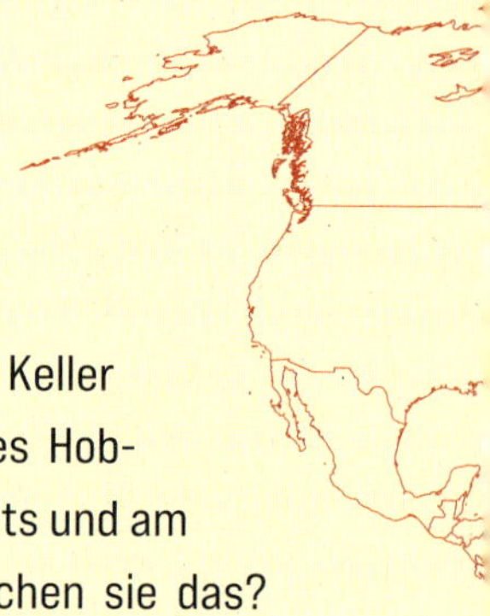

FAST ALLE FEUERWEHRLEUTE IN DEUTSCHLAND HELFEN EHRENAMTLICH

Wenn es brennt, darf man keine Zeit verlieren. In Deutschland gibt es Regeln, die sagen, wie schnell die Feuerwehr kommen muss. In Berlin soll sie spätestens nach 15 Minuten da sein – in dem Bundesland Brandenburg sogar schon nach 8 Minuten!

Das ist wenig Zeit und trotzdem klappt es meistens. Ein Grund dafür ist, dass viele Menschen bei einer freiwilligen Feuerwehr mithelfen. Das heißt, sie bekommen dafür kein Geld und haben eigentlich eine ganz andere Arbeit. In ihrer Freizeit bergen sie Katzen von Bäumen, löschen Brände und rücken an, wenn der Keller überschwemmt ist. Dieses Hobby machen sie sogar nachts und am Wochenende. Warum machen sie das? Viele von ihnen wollen gerne anderen helfen und es ist ihnen wichtig, sich für die Gemeinschaft einzusetzen.

Natürlich gibt es auch Feuerwehrleute, die das als richtigen Beruf machen und dafür Geld bekommen. Die nennt man Berufsfeuerwehren. In Deutschland gibt es aber viel mehr freiwillige Feuerwehrleute als Berufsfeuerwehrleute. Genauer

DER ARTIKEL GEHT AUF SEITE 8 WEITE

WIE VIELE MENSCHEN MUSS EIN FEUERWEHRMANN ODER EINE FEUERWEHRFRAU SCHÜTZEN?

steht für 1.000 Menschen

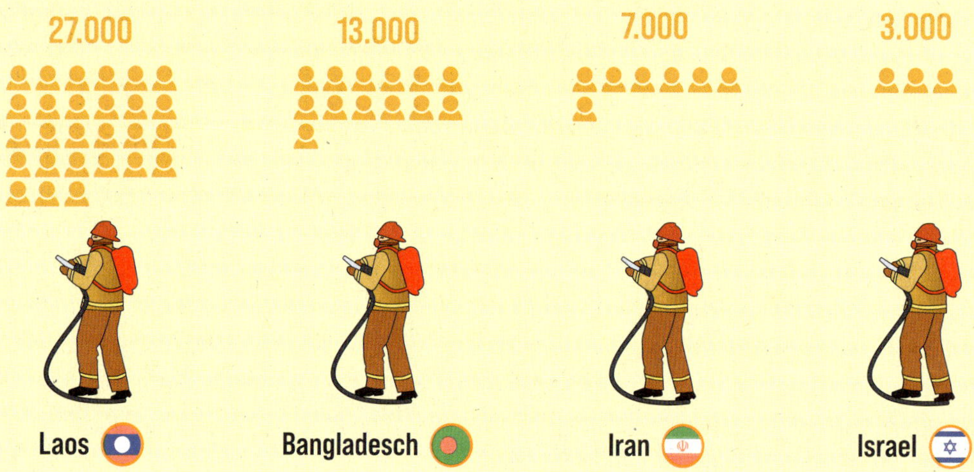

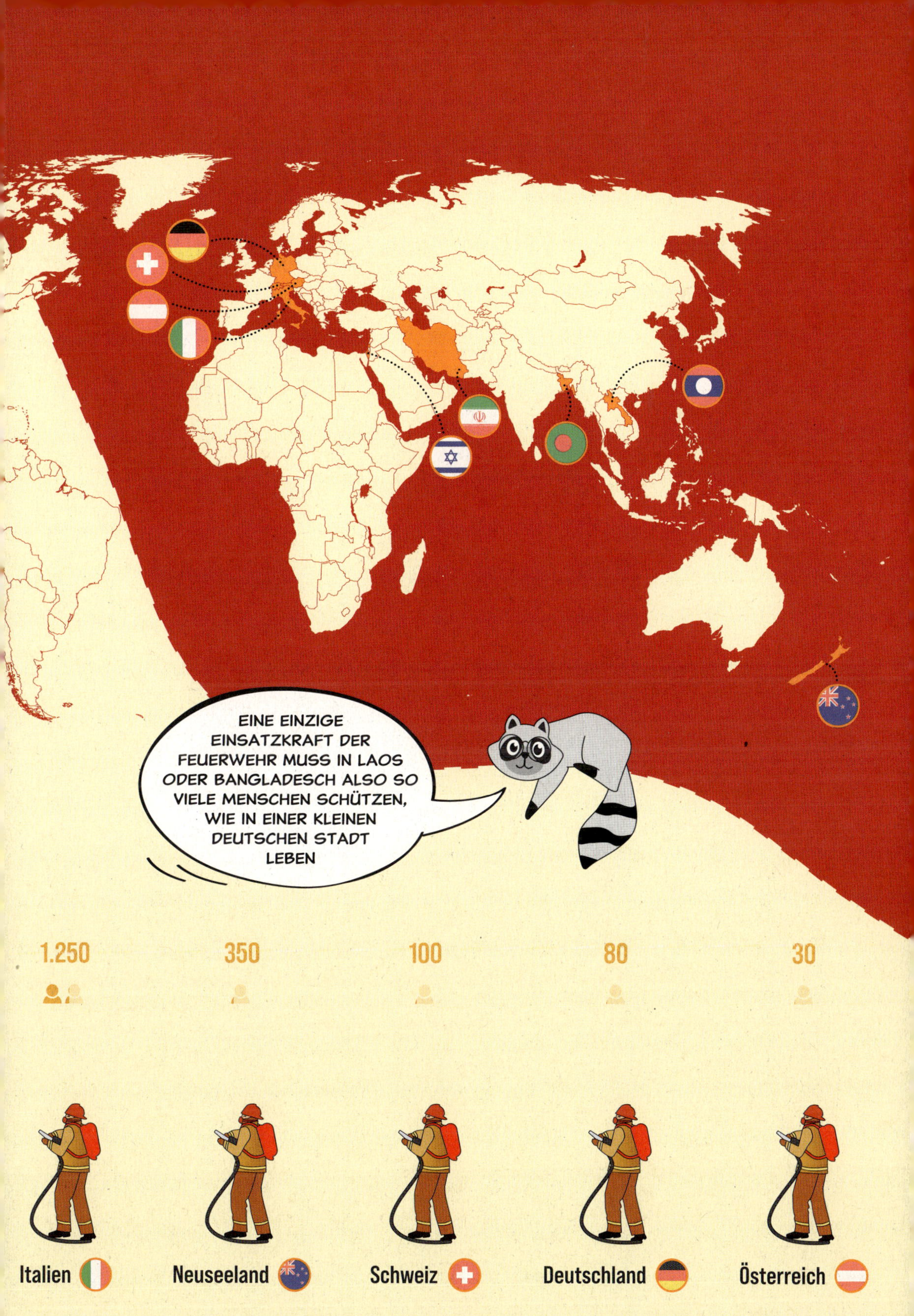
EINE EINZIGE EINSATZKRAFT DER FEUERWEHR MUSS IN LAOS ODER BANGLADESCH ALSO SO VIELE MENSCHEN SCHÜTZEN, WIE IN EINER KLEINEN DEUTSCHEN STADT LEBEN
1.250
350
100
80
30
Italien
Neuseeland
Schweiz
Deutschland
Österreich

gesagt: 4 von 100 Helfern sind echte Berufsfeuerwehrleute – die anderen 96 helfen ehrenamtlich. Sie bekommen also kein Geld dafür. In Österreich sind es sogar 99 von 100 Feuerwehrleuten. Schon von klein auf lernen hier Kinder und Jugendliche bei regelmäßigem Training, Brände zu löschen und bei Notfällen einsatzbereit zu sein. Das Hobby ist sehr beliebt und weit verbreitet und so gibt es in Österreich doppelt so viele freiwillige Feuerwehren wie Fußballvereine. Das erstaunlichste Beispiel ist Liechtenstein – in diesem Land gibt es gar keine Feuerwehrmänner- und frauen, die das als Beruf machen. Alle Feuerwehrleute arbeiten dort freiwillig und ohne Geld dafür zu bekommen.

Die Hilfe der Freiwilligen ist absolut notwendig, denn in den letzten Jahren gab es immer mehr Waldbrände, Überschwemmungen und starke Gewitter. Der Grund dafür ist der Klimawandel. Das bedeutet, dass es auf der Erde langsam immer wärmer wird. Das passiert, weil wir Menschen viele schädliche Gase in die Luft pusten – zum Beispiel durch Autos, Fabriken oder die Landwirtschaft. Auch in der Zukunft ist es also wichtig, dass sich Leute bereit erklären, sich für die Gesellschaft einzusetzen, und zur freiwilligen Feuerwehr gehen.

SO VIELE MENSCHEN ARBEITEN BEI DER FEUERWEHR IN DEUTSCHLAND

Die Zahlen sind aus dem Jahr 2022. Die Größe der Kreise zeigt, wie viele Personen es sind

WIE VIELE DER FEUERWEHRLEUTE ARBEITEN EHRENAMTLICH?

in Prozent, 2022

100 PROZENT HEISST, DASS 10 VON 10 FEUERWEHRLEUTEN EHRENAMTLICH ARBEITEN, 80 PROZENT HEISST, DASS 8 VON 10 EHRENAMTLICH ARBEITEN, UND BEI 60 PROZENT SIND ES 6 VON 10

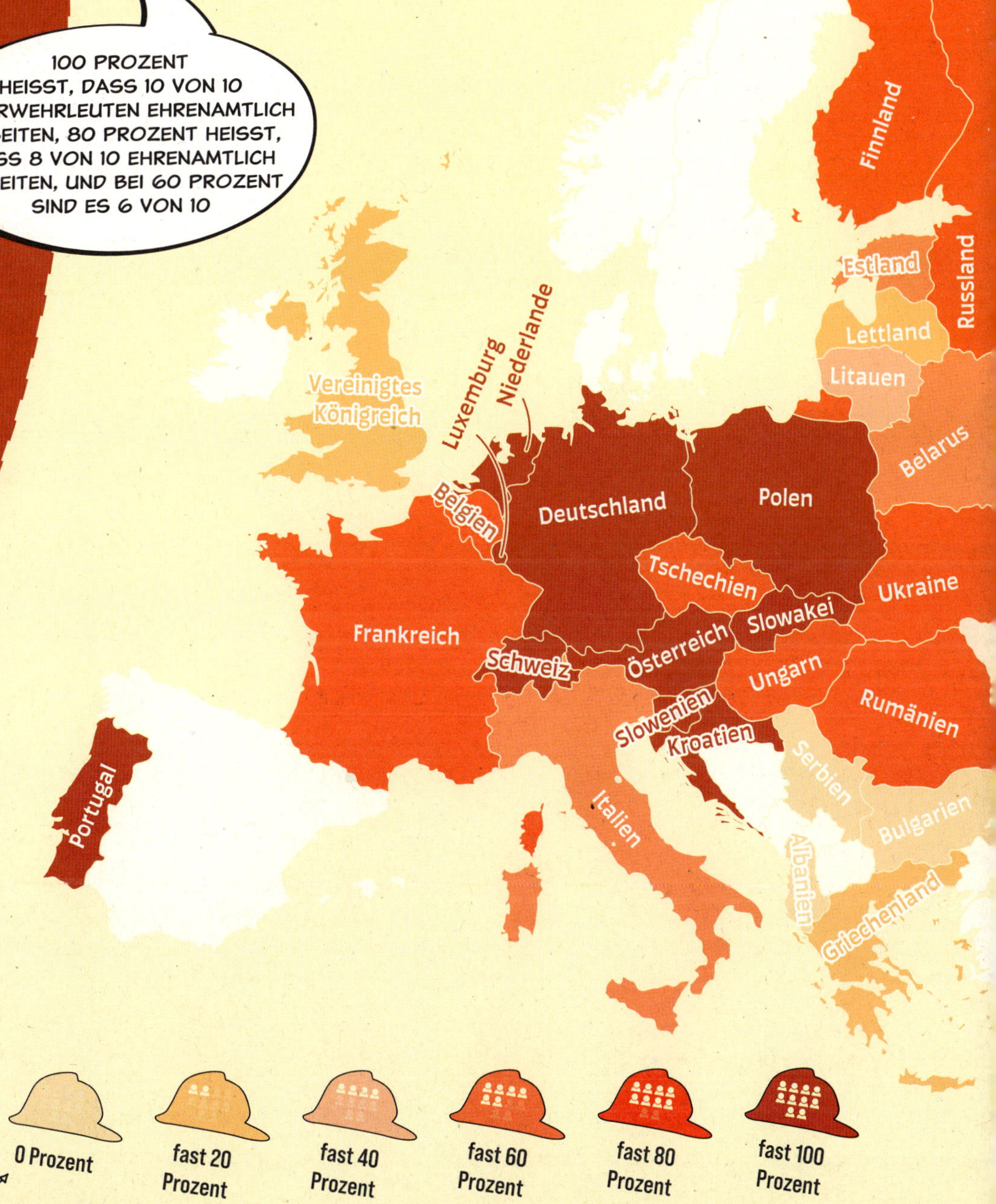

HIER GIBT ES KEINE EHRENAMTLICHEN FEUERWEHRKRÄFTE

hier haben wir keine Informationen darüber oder es gibt für die Feuerwehr andere Regeln, darum funktioniert die Aufteilung von Berufs- und freiwilliger Feuerwehr nicht

Afrika-Spezial

STECKBRIEF

NAME	Afrika
GRÖSSE	drittgrößter Kontinent der Erde
UNTERTEILUNG	in 54 Länder
SPRACHEN	über 2.000 verschiedene
HÖCHSTER BERG	Kibo im Bergmassiv Kilimandscharo (fast 6.000 Meter hoch)

LANDSCHAFTSFORMEN

AM MEISTEN FLÄCHE IST ALSO SAVANNE

DAS PROBLEM MIT DEN WELTKARTEN

Eine Weltkarte zu basteln ist gar nicht so einfach, denn man muss die kugelförmige Erde auf ein flaches Papier zeichnen. Stell dir vor, du schneidest einen Globus auf und klebst ihn auf ein Papier – das passt vorne und hinten nicht. Damit früher Seefahrer trotzdem mit einer Karte und Kompass über die Meere navigieren konnten, erfand der Geograf Gerhard Mercator eine Karte, bei der die Richtungen (also zum Beispiel Norden und Osten) genau stimmen. Sonst wäre es für die Seeleute schwer gewesen, ans Ziel zu kommen. Das Problem an der Karte ist aber, dass die Größen der Länder nicht richtig sind. Neben der Mercator-Darstellung gibt es noch viele andere Darstellungen, zum Beispiel die Winkel-Tripel-Darstellung. Je nach Darstellung sieht die Erde etwas anders aus. Schau selbst:

Mercator-Darstellung

Winkel-Tripel-Darstellung

FÜR AFRIKA BEDEUTET DAS: ES WIRD AUF DER MERCATOR-DARSTELLUNG VIEL ZU KLEIN GEZEIGT. IN ECHT SIND CHINA, USA UND INDIEN ZUSAMMEN KLEINER ALS AFRIKA, OBWOHL SIE AUF DER KARTE VIEL GRÖSSER AUSSEHEN

Die Überfahrt von Spanien dauert mit der schnellsten Fähre nur etwa eine halbe Stunde
Algerien ist mehr als 6-mal so groß wie Deutschland
Der Name bedeutet übersetzt: Land des ehrenhaften Menschen
ε
e
Seit 2023 herrscht Bürgerkrieg, vor dem sehr viele Menschen fliehen müssen
Hat als Wappentier einen Adler, so wie Deutschland
2011
Dieses Land wurde erst vor 14 Jahren gegründet
TUNESIEN
MAROKKO
ALGERIEN
LIBYEN
ÄGYPTEN
WESTSAHARA
MAURETANIEN
MALI
NIGER
TSCHAD
SUDAN
CABO VERDE
ERITREA
DSCHIBUTI
SENEGAL
GAMBIA
BURKINA FASO
GUINEA
GUINEA-BISSAU
BENIN
NIGERIA
SÜDSUDAN
ÄTHIOPIEN
CÔTE D'IVOIRE
GHANA
LIBERIA
SIERRA LEONE
TOGO
KAMERUN
ZENTRALAFRIKANISCHE REPUBLIK
SOMALIA
ÄQUATORIAL-GUINEA
UGANDA
KENIA
SÃO TOMÉ UND PRÍNCIPE
GABUN
REPUBLIK KONGO
DEMOKRATISCHE REPUBLIK KONGO
RUANDA
BURUNDI
TANSANIA
SEYCHELLEN
B
Die Hauptstadt beginnt mit B und hat sechs Buchstaben, genau wie die Hauptstadt Deutschlands. Na, kannst du es herausfinden?
Mehr als die Hälfte der Fläche ist von Regenwald bedeckt
Plastiktüten, die der Umwelt schaden, sind streng verboten
ANGOLA
SAMBIA
MALAWI
MOSAMBIK
KOMOREN
MADAGASKAR
SIMBABWE
NAMIBIA
BOTSUANA
MAURITIUS
Hier leben so viele Menschen wie in Deutschland, Frankreich und Großbritannien zusammen
ESWATINI
SÜDAFRIKA
LESOTHO
Hier steht der höchste Berg, der Kibo (Kilimandscharo)
Wird von einer Frau regiert
Hier leben die meisten Elefanten
Der Staat gibt sehr viel Geld für Schulen und Universitäten aus

Gastartikel

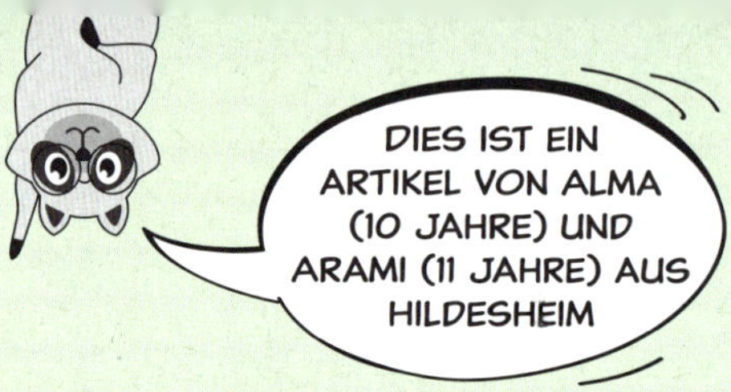

ELEFANTEN UND FÜCHSE IM VERGLEICH

Also manchmal kommen uns komische Gedanken in den Kopf! Das ist euch bestimmt auch mal passiert. Da dachten wir uns, das wäre doch eine coole Idee für einen Artikel im neuen CÖRNCHEN. Wir haben uns gefragt, was dabei rauskommt, wenn man ein sehr kleines Tier, einen Fuchs, mit einem sehr großen Tier, einem Elefanten, vergleicht:

Füchse haben eine kurze Tragzeit. Das bedeutet, die Jungen sind nur 51 bis 54 Tage im Bauch ihrer Mutter. Das entspricht ungefähr sieben bis acht Wochen. Elefantenkälber hingegen ganze 22 Monate! Wenn sie dann endlich zur Welt kommen, wiegen sie schon ungefähr 100 Kilo und sind etwa einen Meter groß. Neugeborene Füchse hingegen wiegen nur 80 bis 150 Gramm. Sie werden blind und taub geboren.

Elefanten können schon nach ihrer ersten Stunde auf der Welt laufen und Milch von der Mutter trinken. Anders ist es bei den Fuchswelpen: Erst nach etwa zwei Wochen öffnen sie das erste Mal die Augen, zwei weitere Wochen später trauen sie sich das erste Mal aus dem Bau heraus.

Erst nach 10 bis 15 Jahren gründen Elefanten eine Familie. Füchse schon mit neun bis zehn Monaten. Dafür werden sie nicht so alt, nämlich nur zehn bis zwölf Jahre. Elefanten dagegen können 60 bis 70 Jahre alt werden. Trotzdem gibt es von ihnen nur noch wenige. Fazit: Füchse entwickeln sich schneller als Elefanten.

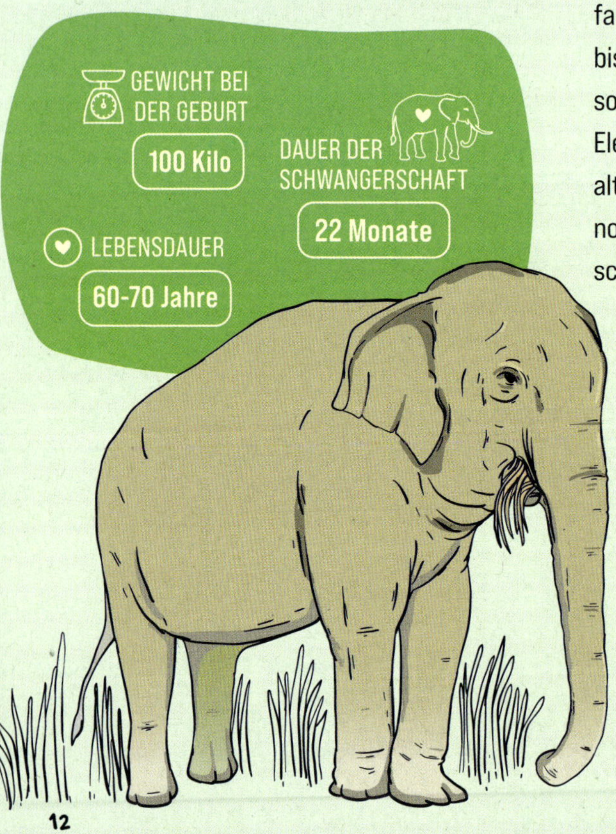

Rätsel

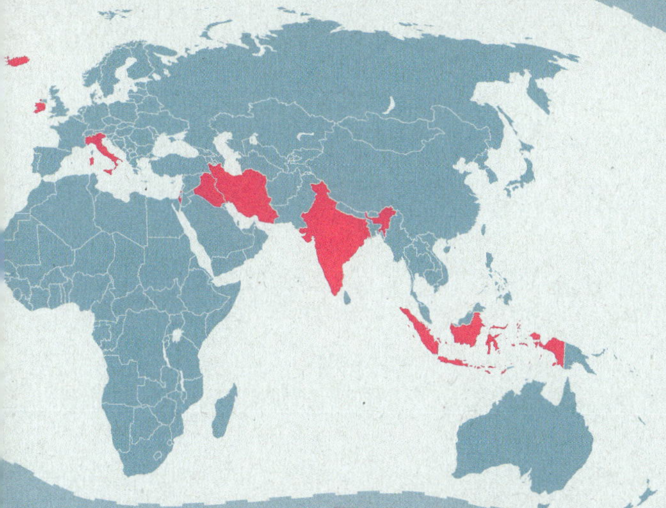

1 GEMEINSAMKEITEN

Auf diesem Kartenausschnitt wurden acht Länder rosa markiert. Weißt du, was sie gemeinsam haben?

- **A** sie gehören alle zur britischen Krone
- **L** sie sind alle Inseln, also vollständig von Wasser umgeben
- **J** sie beginnen alle mit dem Buchstaben **I**

2 MINI-KREUZWORTRÄTSEL

Mit den richtigen Antworten findest du einen weiteren Buchstaben für das Lösungswort!

1. Eigenbezeichnung von Finnland
2. Meerestier, das über viele Hundert Kilometer kommunizieren kann
3. kleines Raub- und Haustier, das am liebsten auf der linken Seite schläft
4. das heiße Element
5. Hauptstadt von Deutschland
6. schwerstes Säugetier an Land

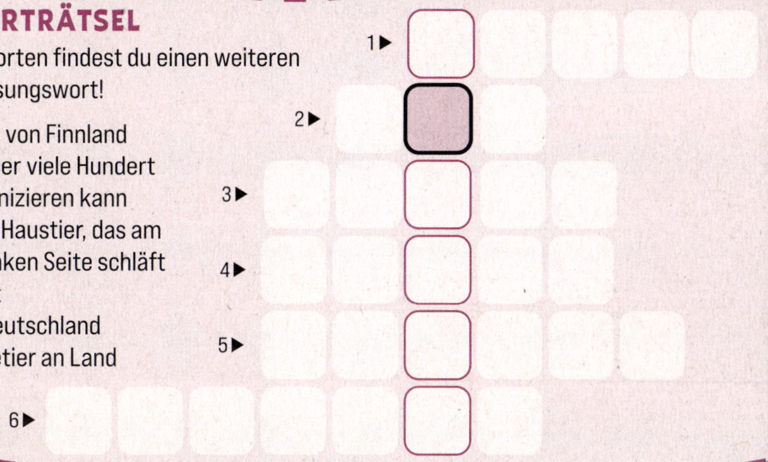

LINKS ODER RECHTS?

Huch, auf einer Seite hat sich immer ein verdrehter Doppelgänger eingeschlichen. Findest du jeweils den richtigen Länderumriss?

3

4

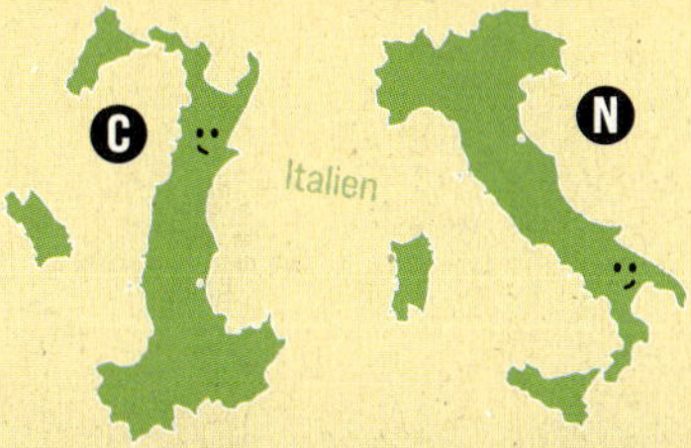

5

Gewinnspiel

Kannst du das Lösungswort aus allen Rätseln knacken? Dann schick uns eine E-Mail an:

gewinnspiel@katapult-magazin.de

LÖSUNGSWORT

1	2	3	4	5

Einsendeschluss ist der 30. November 2025

Studie

FRAUEN BEKOMMEN IN DER NOTAUFNAHME SELTENER SCHMERZMITTEL ALS MÄNNER

Wenn jemand einen Unfall oder starke Schmerzen hat, kommt er im Krankenhaus zuerst in die Notaufnahme. Dort versorgen Ärzte und Ärztinnen die Menschen. Diese bekommen, wenn es nötig ist, auch Schmerzmittel – also Tabletten, die dafür sorgen, dass man weniger Schmerzen hat. Ein Forschungsteam hat herausgefunden, dass Frauen nicht so oft Schmerzmittel kriegen wie Männer, auch wenn sie genauso starke Schmerzen haben.

Jeder Mensch empfindet Schmerz unterschiedlich stark. Um also zu wissen, wie doll es den Patient:innen wehtut, benutzen Ärzte im Krankenhaus oft eine Skala von eins bis zehn. Eins bedeutet, es tut nur ganz wenig weh, bei zehn können es die Leute kaum aushalten. Gibt ein Mann auf der Skala zum Beispiel eine Sechs an, dann geben die Ärzte ihm wahrscheinlich eine Tablette. Gibt eine Frau eine Sechs an, dann ist die Chance, dass sie ebenfalls ein Schmerzmittel bekommt, kleiner. Warum? Die Wissenschaftler:innen denken, dass es an dem Vorurteil liegt, dass Frauen mehr Gefühle hätten als Männer und darum auch mehr von ihren Gefühlen erzählen. Die Ärzte könnten denken: Die Frauen übertreiben und spielen sich nur auf. Das stimmt natürlich nicht. Und trotzdem geben selbst Ärztinnen, die es eigentlich besser wissen müssten, ihren Patientinnen seltener etwas gegen Schmerzen.

Noch etwas macht die Sache schwierig: Frauen müssen oft eine halbe Stunde länger als Männer in der Notaufnahme warten, bis sie mit der Untersuchung dran sind. Das ist nicht nur unfair, sondern kann auch ziemlich gefährlich werden.

DIE PATIENTINNEN UND PATIENTEN AUS DIESEN BEIDEN LÄNDERN WURDEN BEFRAGT:

REDAKTIONELLE PARTNER VON KATAPULT

recherchiert Daten und produziert
neuartige Karten für KATAPULT

Fachhochschule Kiel
Hochschule für Angewandte Wissenschaften

produzierte mit uns das Buch
100 Karten über Rechtsextremismus

CORRECTIV
Recherchen für die Gesellschaft

The New York Times

veröffentlicht Karten und Artikel mit unserem
Geopolitikmagazin PULTU

FARBKÜCHE

baut Wimmelbilder und recherchiert
für KATAPULT Sachsen

Was macht KATAPULT?

Katapult

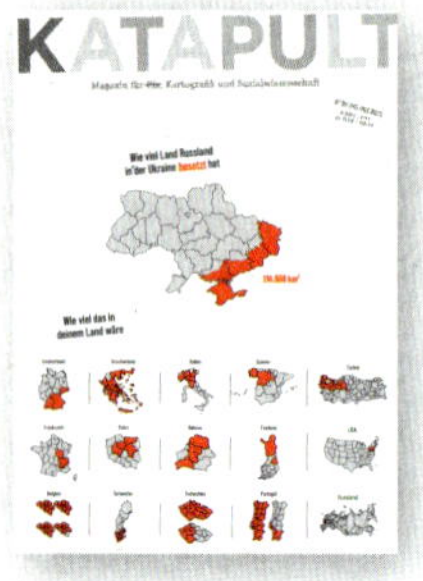

Das Original mit Karten & Studien

Knicker

Riesige A1-Karte

Pultu

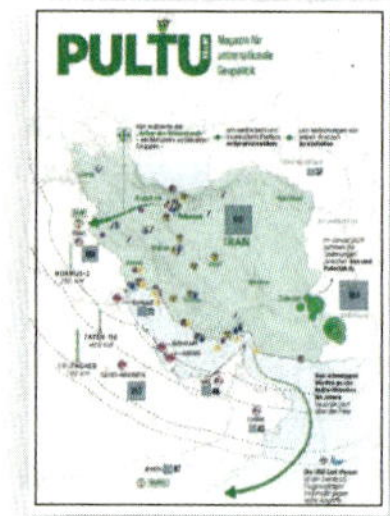

Geopolitik für Profis

Cörnchen NEU

Karten-Kindermagazin für Rätselfreaks und Bastelfans

Podcast NEU

„KATAPULT der Woche" einmal pro Woche

Herzensprojekte

KATAPULT ist gemeinnützig und fördert die Allgemeinbildung

Wir geben alle in zehn Jahren hergestellen KATAPULT-Grafiken in eine freie Datenbank

Sie werden also frei zugänglich für alle Menschen

GANZ NEU

KATAPULT-Kartendatenbank

KATAPULT MV

mit Redaktionen in Greifswald und Rostock. Vor allem auf Korruption, Rechtsextremismus und Gleichberechtigung fokussiert

GANZ NEU

KATAPULT Sachsen

ganz neu gegründet. Redaktion sitzt in Chemnitz. Zweiter Ort für ein Büro wird noch gesucht. Inhaltlich orientiert an KATAPULT MV

Buchverlag

produziert etwa zehn Bücher pro Jahr. Wir stärken derzeit unsere Kinderbuchsparte

Buchhandel Chemnitz

Kinderlesungen und Buchclub auf dem Chemnitzer Sonnenberg. Bücher kann man auch online bestellen und sich zuschicken lassen: katapoodle.de

KATAPULT-Wald

wir haben eine eigene Baumschule errichtet und mit der Landesforst MV einen Wald bei Alt Ungnade gepflanzt. Weitere folgen! katapult-wald.de

Geflüchtetenheim

KATAPULT hat sein Redaktionsgebäude in Greifswald für drei Jahre zur Geflüchtetenunterkunft umfunktioniert. Insgesamt haben um die 100 Menschen bei uns gelebt

Krankenhaus Ostukraine

wir unterstützen seit 2022 ein Krankenhaus bei Kramatorsk mit Medikamenten und Gehhilfen. Gehhilfen und Rollstühle könnt ihr immer zu KATAPULT schicken

INHALT

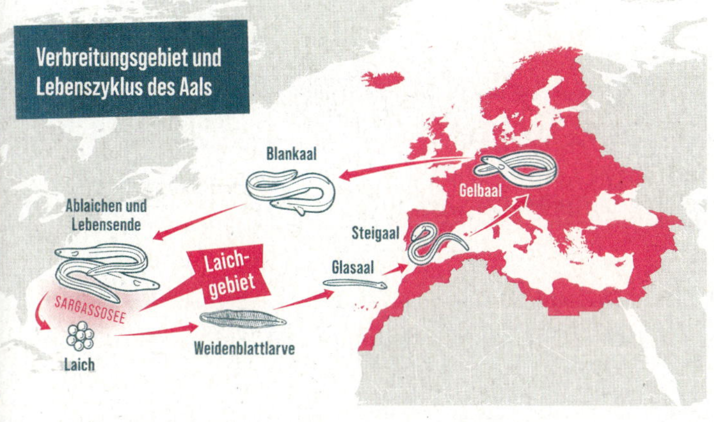
Verbreitungsgebiet und Lebenszyklus des Aals
Blankaal
Ablaichen und Lebensende
Gelbaal
Steigaal
Glasaal
Laich-gebiet
SARGASSOSEE
Weidenblattlarve
Laich

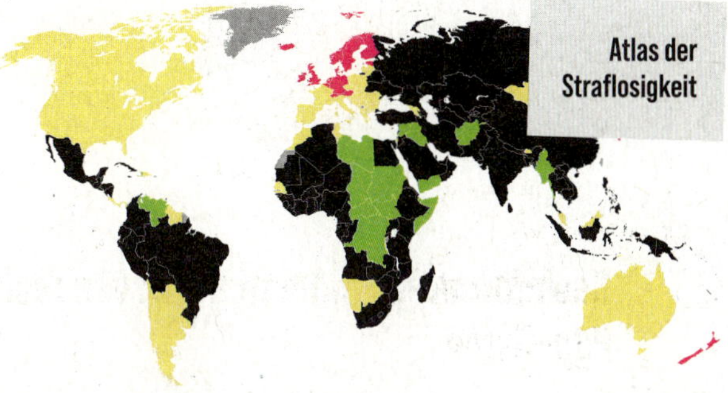
Atlas der Straflosigkeit

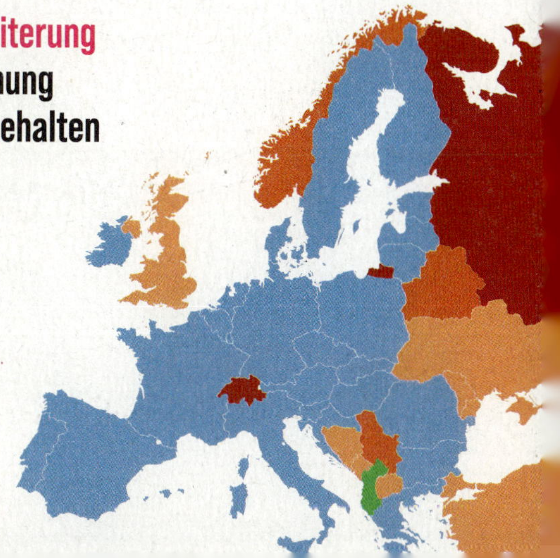

FRAGMENTE

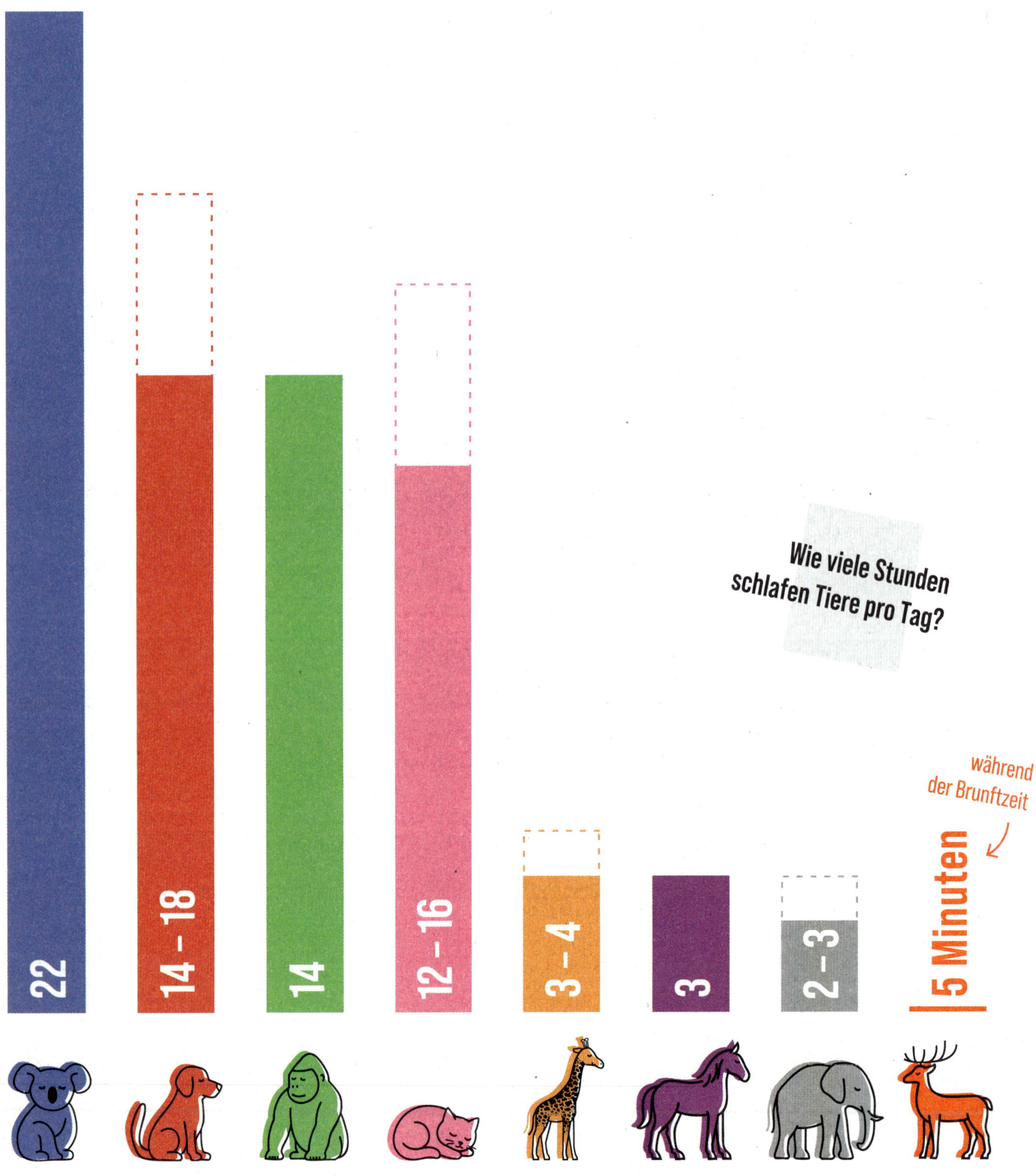

Wie viele Stunden schlafen Tiere pro Tag?
22
14 – 18
14
12 – 16
3 – 4
3
2 – 3
5 Minuten
während der Brunftzeit

HAUSTIERVERHALTEN

Katzen schlafen am liebsten auf der linken Seite

Das zeigt eine Auswertung von mehr als 400 Katzenvideos auf Youtube. Als Beutetier schlafen Katzen oft erhöht, Raubtiere können sich ihnen also nur von unten nähern. Schläft die Katze auf der linken Seite, hat sie beim Erwachen das linke Sichtfeld frei und kann Angreifer von unten rasch erfassen. Und warum links und nicht rechts? Das liegt am Aufbau des Gehirns: Bestimmte Areale sind für bestimmte Aufgaben zuständig. Die rechte Hemisphäre ist bei Katzen besonders gut darin, gefährliche Reize wahrzunehmen. Und weil Informationen immer von der gegenüberliegenden Gehirnhälfte verarbeitet werden, ist das linke Gesichtsfeld der Vierbeiner besonders aufmerksam.

Das **linke** Gesichtsfeld wird in der **rechten** Gehirnhälfte verarbeitet, die für die Bedrohungsverarbeitung dominant ist. Die meisten Tiere reagieren schneller, wenn sich ein Raubtier von links nähert

Trock'ne Zahlen

Lebenserwartung in der Europäischen Union, in Jahren

2015	80,5
2016	80,9
2017	80,9
2018	81,0
2019	81,3
2020	80,4
2021	80,1
2022	80,6
2023	81,4
2024	81,7

Quelle: Europäische Kommission

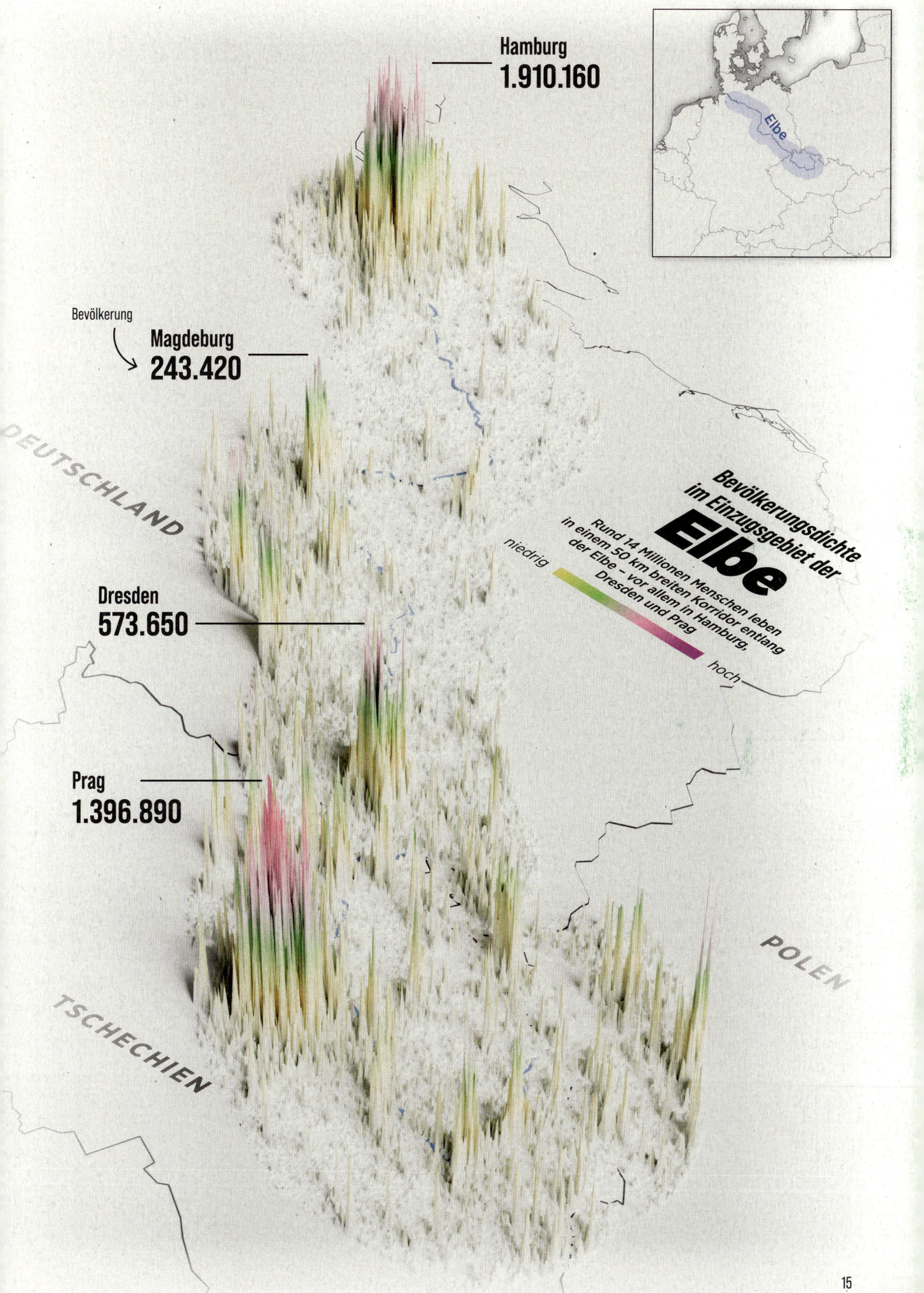
Hamburg
1.910.160
Bevölkerung
Magdeburg
243.420
Dresden
573.650
Prag
1.396.890
DEUTSCHLAND
TSCHECHIEN
POLEN
Elbe
Bevölkerungsdichte im Einzugsgebiet der Elbe
Rund 14 Millionen Menschen leben in einem 50 km breiten Korridor entlang der Elbe – vor allem in Hamburg, Dresden und Prag
niedrig
hoch

Faktentreue nach Parteifamilien

Factual Score gibt an, wie oft Parteien verlässliche oder irreführende Quellen auf Twitter/X teilen, basierend auf 32 Mio. Tweets (2017-2022) aus 26 Ländern

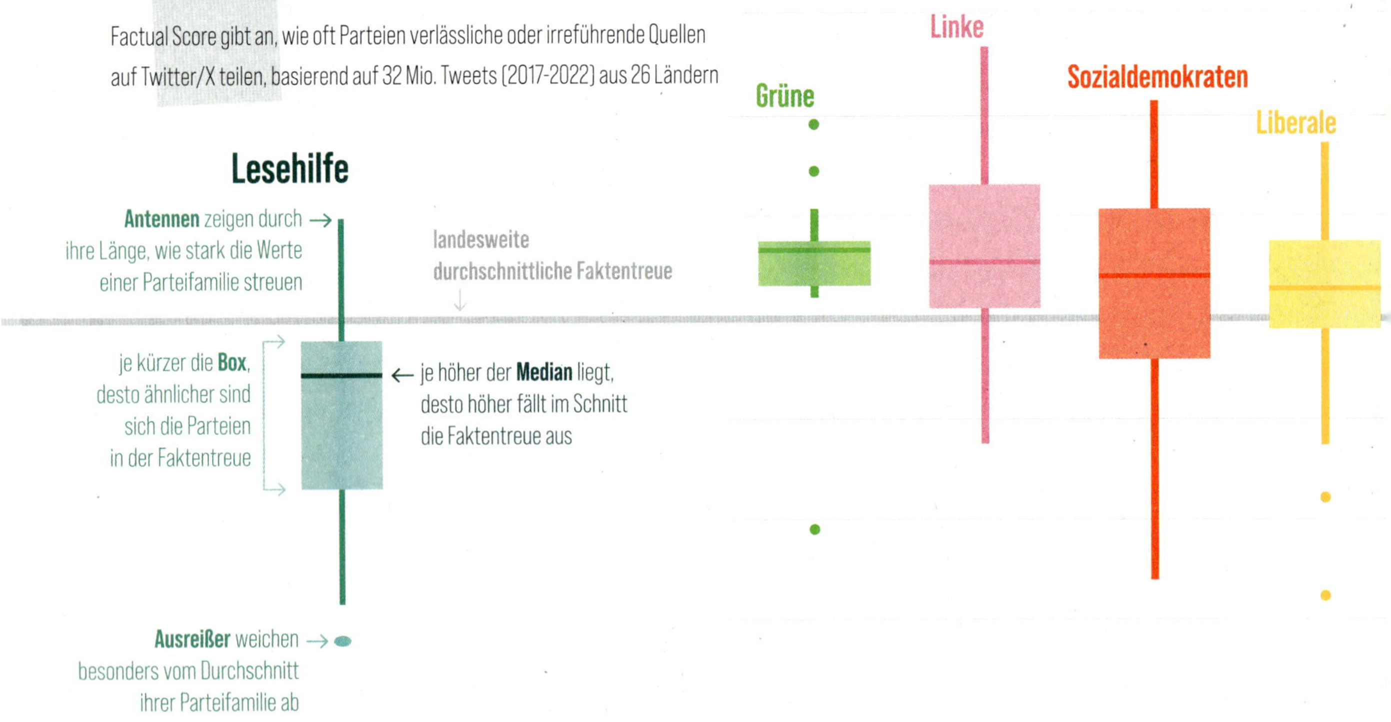

STUDIE

Desinformation stammt meist von rechten Populisten

Studie: „When Do Parties Lie? Misinformation and Radical-Right Populism Across 26 Countries" von Petter Törnberg und Juliana Chueri (Januar 2025)

Kurz: Die radikale Rechte setzt häufiger auf Falschmeldungen und „alternative Medien" als Akteure anderer politischer Lager.

Populismus ist eine Denkweise, bei der die Welt in zwei Lager aufgeteilt wird: auf der einen Seite das „gute, einfache Volk", auf der anderen Seite eine „korrupte Elite", die angeblich nur ihre eigenen Interessen verfolgt. Populistische Parteien inszenieren sich oft als einzige, wahre Stimme des Volkes – gegen „die da oben", gegen die Medien, gegen Regierungen. Es liegt daher nahe, anzunehmen, dass Populismus als strategisches Mittel gerne auf die Verbreitung von Falschinformationen setzt.

Eine aktuelle Studie von Petter Törnberg und Juliana Chueri von der Universität Amsterdam zeigt jedoch: Populismus allein reicht als Erklärung für die Verbreitung von Desinformation nicht aus. Außerdem stellen die beiden fest, dass eine rechtsgerichtete Ideologie ebenso wenig ausreicht. Allerdings können die Forschenden bestätigen, dass rechtsradikale Parteien eher Desinformation verbreiten als linkspopulistische. Die Datengrundlage: das Verhalten von Parteien auf Twitter (heute X) in 26 westlichen Demokratien.

Computergestützt analysierten die Sozialwissenschaftler mehr als 32 Millionen Tweets, die zwischen 2017 und 2022 von offiziellen parlamentarischen Accounts veröffentlicht wurden. Dabei werteten sie über 580.000 Links aus, die von den Abgeordneten geteilt wurden – und prüften mithilfe einer Datenbank, wie vertrauenswürdig die Quellen und Informationen dahinter waren. Zusätzlich erfassten

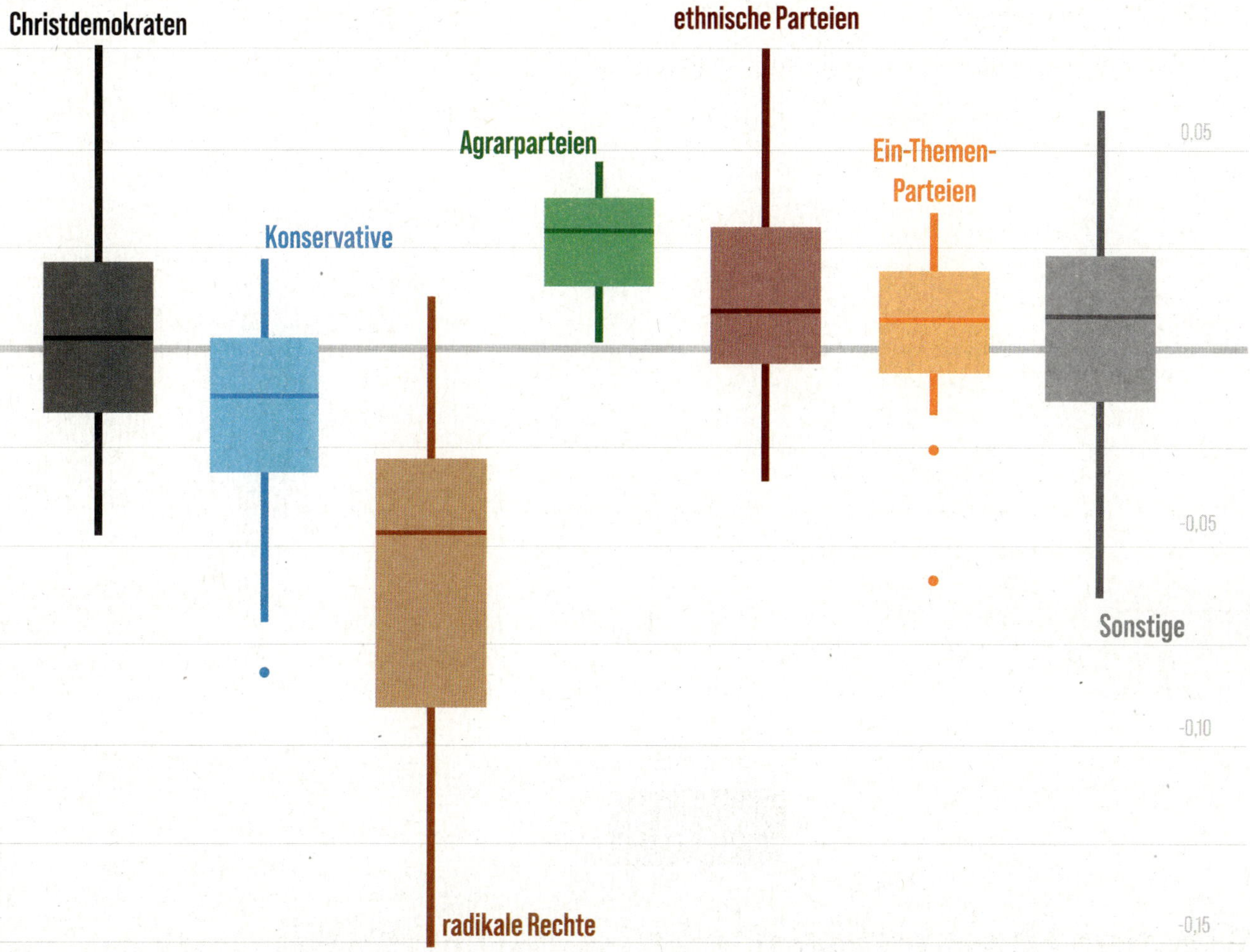

Törnberg und Chueri die politischen Eigenschaften der Parteien: wo sie sich im Links-Rechts-Spektrum verorten ließen, ihren Populismusgrad, ihre Regierungsbeteiligung, die Parteidisziplin und die Personalisierung der Kommunikation – also wie stark die Kommunikation einer Partei nach außen sich auf einzelne Personen konzentrierte.

Die Untersuchung ergab, dass Parteien der radikalen Rechten im Durchschnitt häufiger Inhalte aus unzuverlässigen Quellen teilen – sie schneiden bei der Faktentreue am schlechtesten ab, schlechter als konservative oder themenspezialisierte Parteien. Überraschend ist jedoch, dass Populismus allein diesen Zusammenhang nicht erklären kann. Das bestätigen die statistischen Berechnungen der Studie: Erst die Kombination von Populismus und rechter Ideologie führt dazu, dass Parteien signifikant häufiger Desinformation verbreiten. Linkspopulistische und politisch anders ausgerichtete Parteien zeigen hingegen keine erhöhte Neigung, Falschinformationen zu verbreiten.

Von der Vertrauenskrise in Medien und Politik haben laut den Autoren insbesondere rechtsextreme Parteien profitiert. Diese setzen gezielt Falschinformationen ein, um Zweifel an Institutionen wie dem Parlament zu säen und ihre eigenen Anhänger über alternative Medienkanäle zu erreichen, die oft journalistische Standards verletzen. Diese mediale Parallelwelt wird von den Rechten nicht nur ausgenutzt, sondern aktiv mitgestaltet – mit dem Ziel, die etablierten Medien zu untergraben. Linkspopulisten dagegen konzentrieren sich meist auf tatsächliche soziale und wirtschaftliche Ungleichheiten und setzen daher in ihrer Strategie eher auf glaubwürdige Argumente.

Studiendesign

Stil	quantitativ
Dauer	Querschnitt
Erhebung	vorhandene Daten
Veröffentlichung	Fachzeitschrift

FRANKMENTE

Eine als ungerecht empfundene Salzsteuer war einer neuen Studie zufolge ein zentraler Brandbeschleuniger der Französischen Revolution. Dort, wo die Steuer höher ausfiel, kam es vorher deutlich öfter zu Aufständen.

Frankreich war in den 1780er-Jahren in Steuerzonen unterteilt. Ein Trio aus Ökonomen verglich Daten aus über 13.000 benachbarten Gemeinden hinsichtlich Aufständen, Bevölkerungszahlen und Wetterextremen. Nicht nur brach die Revolution in Hochsteuerregionen früher aus, sie spielten auch während der „Grande Peur" – einer Welle aus Gerüchten, kollektiver Angst und Bauernaufständen – eine zentrale Rolle. Aus diesen Gebieten kamen mehr Beschwerden über Steuern – und mehr Abgeordnete, die später für den Tod des Königs stimmten. Als 1788 eine Dürre die Ernten vernichtete, explodierte die Wut: In den Orten mit einem hohen Steuersatz auf Salz verdoppelte sich die Zahl der Revolten schon ein Jahr vor dem Ausbruch der Französischen Revolution.

FRANZÖSISCHE REVOLUTION

Salzsteuer als sozialer Sprengstoff

Regionale Steuerbelastung und Anzahl der Aufstände in den Jahren 1780 bis 1789

Salzsteuerbelastung je Gemeinde relativ zum Höchstwert

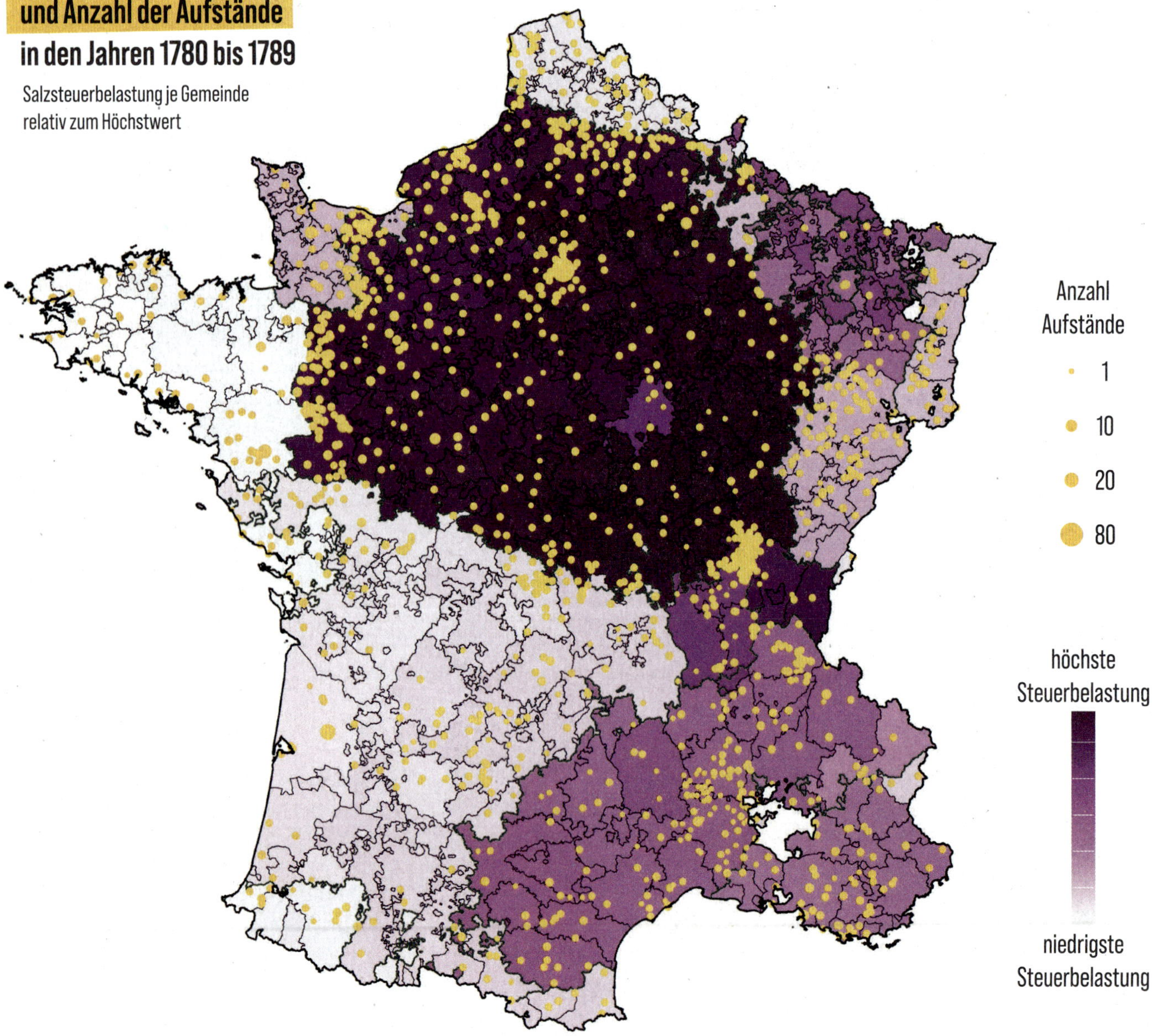

NACHHALTIGKEIT

Frankreich testet Rückkehr zum Flaschenpfand

Seit 1999 wird in Frankreich auf Glasflaschen kein Pfand mehr erhoben. Das könnte sich bald ändern: Seit Juni läuft in vier Regionen ein Pilotprojekt. Werden Flaschen mit dem Etikett *Rapportez-moi* – „Bringen Sie mich zurück" – in teilnehmenden Geschäften abgegeben, wird ein Pfand von 10 bis 20 Cent erstattet. Abfall soll so reduziert, die Wiederverwendung gefördert werden.

Das Projekt unter Federführung von Citéo, einem französischen Umweltunternehmen, läuft über 18 Monate und könnte bis zu 16 Millionen Menschen erreichen. Die vier Regionen wurden deshalb ausgewählt, weil sie bei der Mülltrennung bereits fortschrittlich sind. Eine von ihnen ist die Bretagne – sie belegt beim Trennen von Abfall frankreichweit den ersten Platz. Der Versuch ist Teil verschiedener Maßnahmen mit dem Ziel, den Anteil wiederverwendbarer Verpackungen bis 2027 auf zehn Prozent zu steigern. Bei Erfolg soll das System auf das ganze Land ausgedehnt werden.

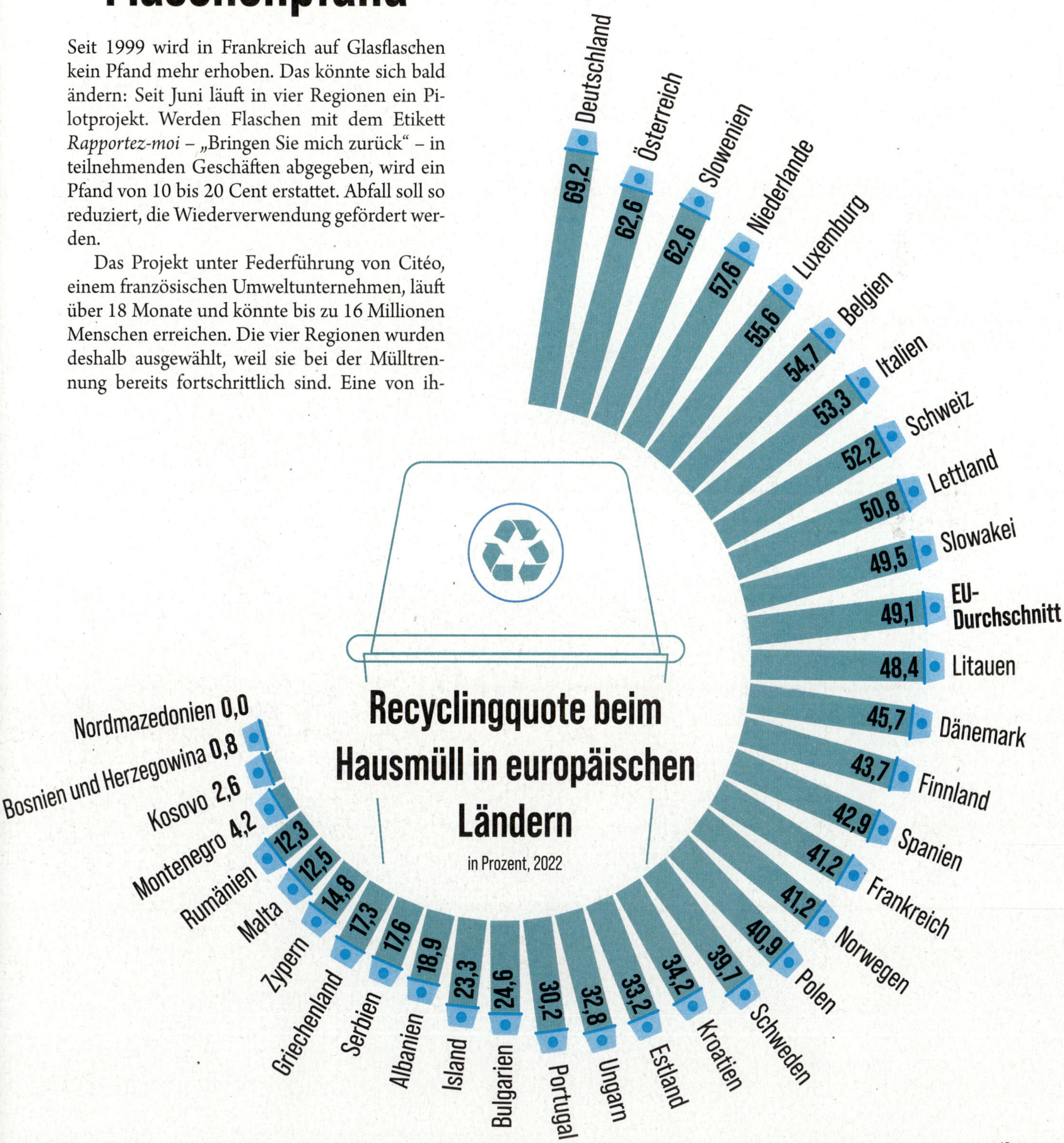

NACHTLICHTDATEN

Viel Dunkelheit, wo es brennt

Dort, wo auf der Welt Konflikte herrschen, bleibt es oft dunkel – zeigen zwei Konfliktforscherinnen der ETH Zürich mithilfe von Satellitendaten, Bevölkerungszahlen und Konfliktkarten. Sie untersuchten, wie viel Licht es in einer Region unter normalen Bedingungen gab, um auf dieser Basis plötzliche Dunkelphasen zu erkennen, verursacht etwa durch Stromausfälle, Flucht oder Zerstörungen. Denn: Nächtliches Licht kann zeigen, wo sich ein Konflikt verändert oder ausweitet. Damit diese Konfliktdynamiken erkennbar sind, braucht es aber ein gewisses Maß an Licht – sonst bleibt der Ort für Satelliten unsichtbar.

Die Studie ergab, dass fast ein Drittel der Menschen, die weltweit von Gewalt betroffen sind, in Gegenden ohne messbares Nachtlicht lebt. Besonders im Afrika südlich der Sahara sind ländliche Siedlungen nahezu unsichtbar, während Städte zwar besser, aber insgesamt immer noch unzureichend abgedeckt sind, um umfassende Daten zu liefern. So entsteht eine systematische Verzerrung: Konflikte in abgelegenen, armen Regionen bleiben verborgen, während urbanes Geschehen überrepräsentiert wird. Wer sich ausschließlich auf Nachtlichtdaten verlässt, riskiert den Forscherinnen zufolge also, die schwersten Krisen zu übersehen – und die bestehenden blinden Flecken von Nachrichteninformationen unbewusst zu verstärken.

Anteil der Bevölkerung, der nachts kein Licht hat
in Prozent

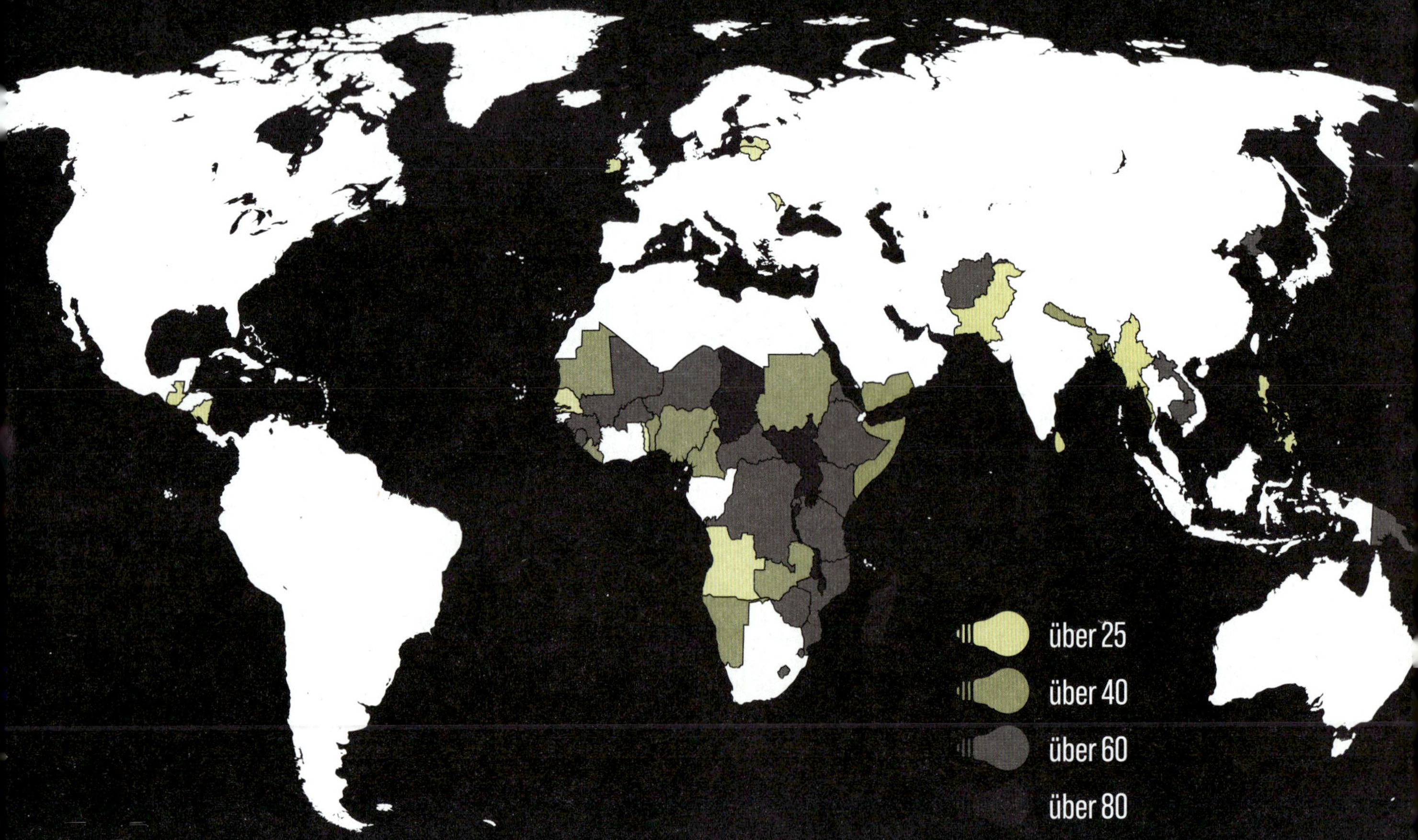

Gläubige hegen größeres Misstrauen gegen die Medizin

Religiöse Menschen sind anfälliger für medizinische Verschwörungsfantasien – etwa den Glauben, die Pharmaindustrie halte mit Absicht bestimmte Heilmittel zurück. Ein Team aus Soziologen analysierte dafür eine *Eurobarometer*-Umfrage aus dem Frühjahr 2021 unter 36.000 Menschen in 37 europäischen Ländern und stellte fest, dass dieser Befund europaweit gilt. Den Befragten waren elf Aussagen vorgelegt worden, die sie als wahr oder falsch einstufen sollten. Zwei der Aussagen thematisierten gezielt medizinische Verschwörungstheorien und waren absichtlich falsch:

1. „Es gibt ein Heilmittel gegen Krebs, das jedoch aus kommerziellen Interessen vor der Öffentlichkeit geheim gehalten wird."
2. „Viren wurden in staatlichen Labors hergestellt, um unsere Freiheit zu beschneiden."

Hielten die Befragten mindestens eine der beiden Aussagen für wahr, wurden sie als Anhänger medizinischer Verschwörungserzählungen eingestuft.

Das Ergebnis: Auffällig häufig teilten Muslime, Katholiken und orthodoxe Christen solche Annahmen. Den Forschenden zufolge wirkt religiöser Glaube offenbar als Verstärker für Misstrauen gegenüber medizinischer Wissenschaft. Protestanten hingegen zeigten eine geringere Anfälligkeit als andere Gläubige. So weisen protestantisch geprägte Länder wie die skandinavischen eine geringere Neigung zu solchen Mythen auf. Und die Wissenschaftler konnten zeigen, dass nicht nur der persönliche Glaube zählt, sondern dass auch die religiöse Prägung eines Landes darüber mitentscheidet, wie groß das Misstrauen in die Medizin ist.

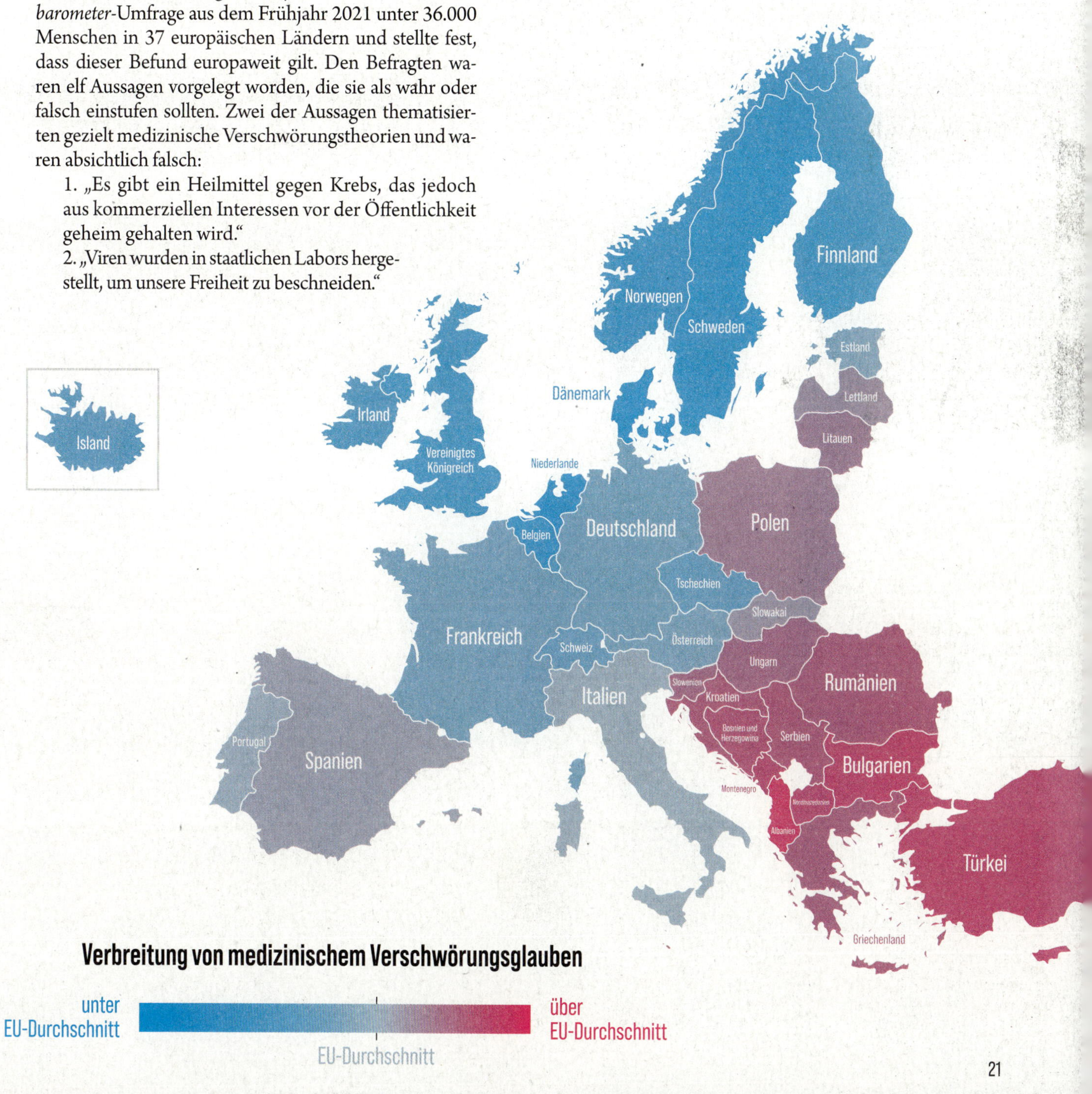

DIKTATUR DER KUNST
KULTURPASS
SEX UND BENZIN
KLIMANEUTRAL
KPLATZ
KAI·030
GEHWEGE FREI!
BILD
SLOW DOWN
STOP

AUSSER BETRIEB
KATAPULT
JUGEND OHNE GOTT GEGEN FASCHISMUS
BERLIN
SECURITY
muh~

EINSCHÜCHTERUNGSKLAGEN

Eine lautlose Waffe gegen die Pressefreiheit

Eine Journalistin berichtet über Korruption, ein Umweltaktivist deckt die Praktiken eines Milliardenkonzerns auf, eine NGO stellt unbequeme Fragen – und plötzlich stehen sie vor Gericht. Nicht etwa wegen falscher Tatsachen, sondern weil mächtige Akteure juristische Mittel missbrauchen, um Kritik zu unterdrücken. Was steckt hinter diesen Klagen und wie kann sich die Zivilgesellschaft dagegen wehren?

VON **ANNA HANSEN**

Sogenannte Slapps sind missbräuchlich vorgebrachte Klagen, mit denen Personen, die sich für Themen wie Menschenrechte, Umweltschutz oder den Zugang zu Informationen einsetzen, schikaniert und zum Schweigen gebracht werden sollen. Die Abkürzung steht für *strategic lawsuits against public participation* – strategische Klagen gegen öffentliche Beteiligung. Mächtige Unternehmen oder Einzelpersonen nutzen sie, um Journalist:innen, Aktivist:innen oder Forscher:innen mundtot zu machen und sie finanziell und psychisch zu zermürben. Laut einer aktuellen Studie sind in Deutschland fast die Hälfte der Slapp-Betroffenen Journalist:innen (44 %), gefolgt von Redakteur:innen (16 %) und Wissenschaftler:innen (10 %).[1] Obwohl die Kläger:innen häufig wissen, dass ihre Klagen keine Aussicht auf Erfolg haben, nutzen sie die langwierigen und teuren Verfahren als Abschreckungsinstrument. Das Hauptziel: Kritische Stimmen sollen aus Angst vor weiteren Klagen verstummen.

George Pring und Penelope Canan, die den Begriff „Slapp" 1996 in ihrem Buch *SLAPPs: Getting Sued for Speaking Out* prägten, haben gezeigt, dass die Methode das Machtungleichgewicht zwischen Klägern und Angeklagten ausnutzt.[2] Während finanzstarke Personen oder Firmen über ganze Rechtsabteilungen verfügen, sind die Angeklagten oft Einzelpersonen oder kleinere Organisationen, die weder die finanziellen und personellen Mittel noch die Zeit haben, sich wirksam zu verteidigen.

Die Kernidee von Slapps: Sie sollen legitime Untersuchungen oder öffentliche Debatten blockieren, die einem bestimmten Interesse schaden könnten. Das passiert nicht selten im Kontext von Themen wie Korruption, Menschenrechten oder Umweltschutz. Slapps sind im Zusammenhang mit der Berichterstattung über den Ukraine-Konflikt wieder in den Fokus geraten – etwa als russische Oligarchen und Staatsunternehmen Klagen gegen Journalist:innen einreichten, die ihre Verstrickungen beleuchtet hatten.[3] Diese Fälle hatten nicht nur enorme finanzielle Auswirkungen auf die Betroffenen, sondern auch eine abschreckende Wir-

(1) Feicht, Veronika: Wenn Kritik vor Gericht landet: Studie beleuchtet SLAPPs in Deutschland, auf: umweltinstitut.org (24.3.2025).

(2) Pring, George W.; Canan, Penelope: SLAPPs: Getting Sued for Speaking Out, Philadelphia 1996.

Wofür steht SLAPP?

Die Abkürzung steht für ***strategic lawsuits against public participation*** – strategische Klagen gegen öffentliche Beteiligung.

Auswirkungen von Slapp-Klagen auf Schweizer Redaktionen

Umfrage unter Chef- und leitenden Redakteur:innen, in Prozent

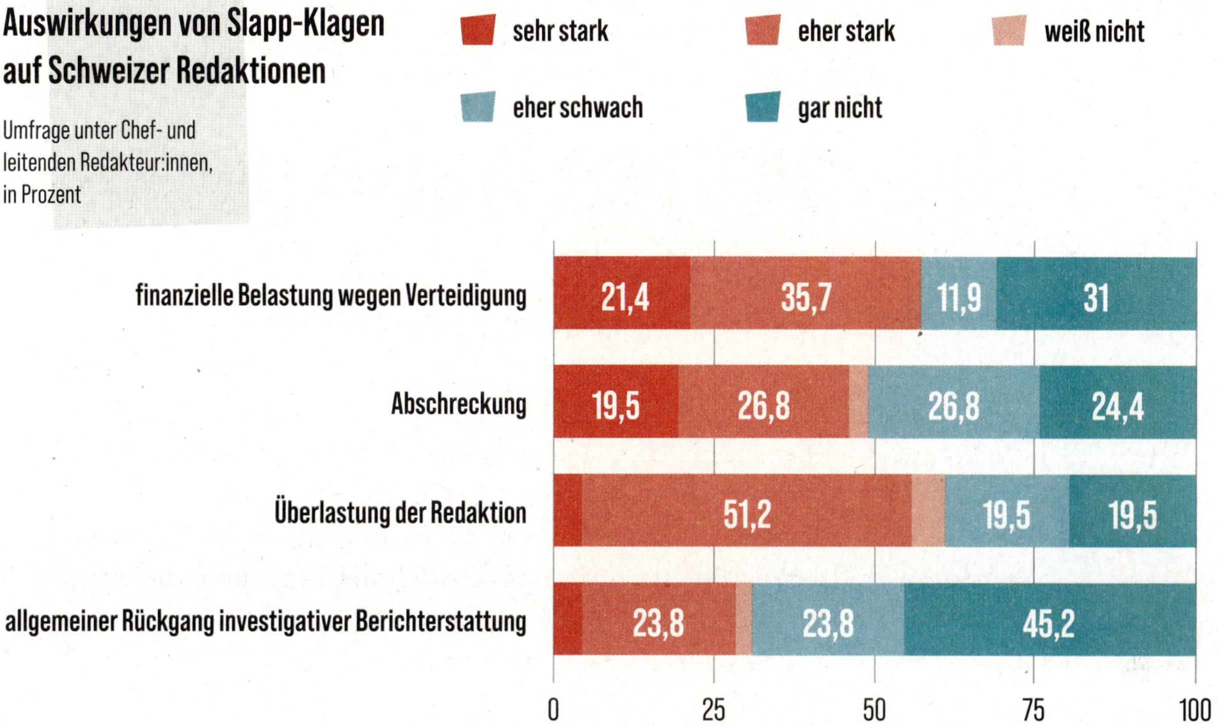

kung auf andere, die sich mit brisanten Themen beschäftigen. In Deutschland bedienen sich etwa Rechtsextreme vermehrt dieser juristischen Schikane, um Kritik zu unterdrücken.[4]

Kritik hat Konsequenzen

Slapps sind mehr als bloße Rechtsstreitigkeiten – ihre einschüchternde Wirkung geht weit über den konkreten Fall hinaus. Journalist:innen, die einmal eine Slapp-Klage erlebt haben, ziehen es häufig vor, über bestimmte Themen künftig nicht mehr zu berichten. Auch NGOs und Aktivist:innen sehen sich oft gezwungen, ihre Arbeit einzuschränken, um nicht in juristische Auseinandersetzungen verwickelt zu werden. Länder mit schwachen Schutzmechanismen, wie etwa Italien, sind besonders anfällig.[5] Hier wurden Journalist:innen wie Amalia De Simone, die illegale Aktivitäten von Unternehmern und Staatsbeamten aufdeckte, wiederholt mit Verleumdungsklagen überzogen – obwohl die meisten dieser Klagen letztlich abgewiesen wurden. Die Botschaft solcher Verfahren ist jedoch klar: Kritik hat Konsequenzen.

Nachdem die USA, Kanada und Australien bereits Anti-Slapp-Gesetze eingeführt hatten, die es ermöglichen, derartige Klagen frühzeitig abzuweisen, zog auch die EU im März 2024 nach und führte eine Anti-Slapp-Richtlinie ein.[6] Zuvor hatte eine Gruppe von Europaabgeordneten jahrelang ein solches Gesetz gefordert. Die Richtlinie soll investigative Journalist:innen und NGOs vor missbräuchlichen Klagen schützen und finanzielle Unterstützung bieten.

Die Mitgliedstaaten der EU haben nach Inkrafttreten zwei Jahre Zeit, das Gesetz in nationales Recht umzusetzen. Der Fall der maltesischen Journalistin Daphne Caruana Galizia zeigt, wie dringend solche Regelungen sind. Sie wurde 2017 ermordet, während sie in mehrere Slapp-Klagen verwickelt war, unter anderem von der Bank Pilatus, die von Caruana Galizia wegen mutmaßlicher Korruptionsfälle kritisiert worden war.[7]

Informationsvakuum im ländlichen Raum

Gerade in ländlichen Gebieten, wo die Medienlandschaft oft überschaubar ist, kann die Einschüchterung von Journalist:innen durch Slapp-Klagen dazu führen, dass der Diskurs eingeschränkt wird. Im Ergebnis erhält die Öffentlichkeit dann weniger Informationen, die eigentlich relevant für sie wären. Im ländlichen Raum, oft ohnehin durch einheitliche Meinungen und eine geringe Medienvielfalt geprägt, kann sich durch Slapp-Klagen eine Art Wahrheitsmonopol entwickeln, das abweichende Stimmen ausschließt und Kritik unmöglich macht.

Slapp-Klagen sind daher keine Privatangelegenheit, sondern ein Angriff auf die gesamte

(3) Ministry of Justice (Hg.): Strategic Lawsuits Against Public Participation (SLAPPs): Government response to call for evidence, auf: gov.uk (20.7.2022).

(4) Gesellschaft für Freiheitsrechte (Hg.): Neue Studie: SLAPPs bedrohen Demokratie und Zivilgesellschaft, auf: freiheitsrechte.org (19.3.2025).

(5) Verza, Sofia: SLAPP: the background of Strategic Lawsuits Against Public Participation, auf: ecpmf.eu (27.6.2018).

(6) Rat der Europäischen Union: Anti-SLAPP-Richtlinie: Endgültiges grünes Licht für EU-Gesetz zum Schutz von Journalisten und Menschenrechtsverteidigern, auf: consilium.europa.eu (19.3.2024).

Wer von Slapp-Klagen betoffen ist

in der EU, in Prozent, Stand 2022

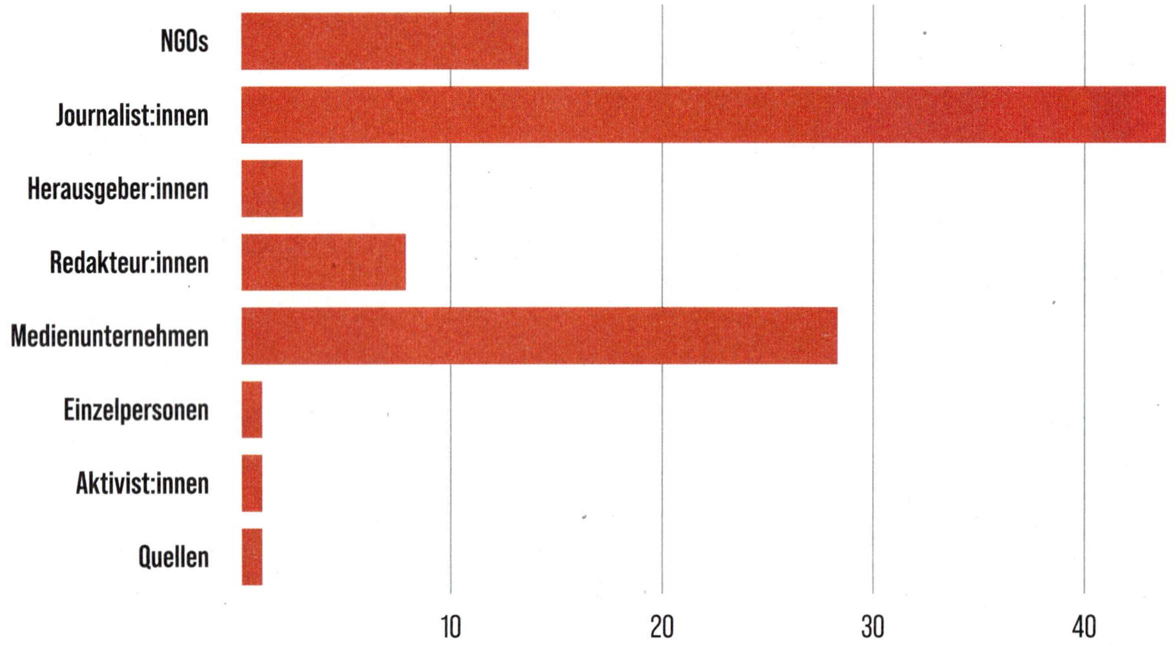

Gesellschaft. NGOs und Expert:innen sind sich einig: Anti-Slapp-Gesetze sind notwendig. Diese sollten es Gerichten ermöglichen, missbräuchliche Klagen frühzeitig abzuweisen und Kläger für den Missbrauch des Rechtssystems zu bestrafen. Als Vorbild gelten hier die USA. Dazu müssen Journalist:innen und Aktivist:innen wissen, wie sie sich rechtlich absichern können, etwa durch präzise Dokumentation und solide Beweisführung, um auch mit dem psychologischen Druck von Einschüchterungsversuchen umgehen zu können. Aber auch Transparenz ist hilfreich: Ein EU-weites Register, das Unternehmen und Einzelpersonen, die Slapps einsetzen, öffentlich benennt, könnte auf Nachahmer abschreckend wirken.

Neue Regeln gegen Rechtsmissbrauch

Die 2024 in Kraft getretenen Anti-Slapp-Regeln sollen erstmals umfassenden rechtlichen Schutz vor grenzüberschreitenden Slapp-Fällen bieten. Betroffene können beantragen, dass solche Klagen schnell als offensichtlich unbegründet abgewiesen werden. Darüber hinaus müssen Kläger:innen, die Slapp-Verfahren einleiten, mit Strafzahlungen und einer Beteiligung an den Prozesskosten rechnen. Věra Jourová, damalige Vizepräsidentin der EU-Kommission für Werte und Transparenz, betonte, dass Slapps die Grundrechte auf Meinungsfreiheit und Medienpluralismus untergraben und die Arbeit von Demokratie-Wächtern gefährden.[8] Die Anti-Slapp-Initiative ist Teil eines umfassenderen Maßnahmenpakets zur Förderung der Medienfreiheit und zum Schutz von Journalist:innen in der EU, zu dem auch das europäische Medienfreiheitsgesetz und eine Empfehlung zur Verbesserung der Sicherheit von Medienschaffenden gehören.[9]

In Großbritannien ist die Politik inzwischen ebenfalls auf das Problem aufmerksam geworden und hat Maßnahmen ins Auge gefasst, um solchen rechtlichen Übergriffen entgegenzuwirken. Die Regierung will verhindern, dass reiche und mächtige Akteure legitime Recherchen unterdrücken und so den öffentlichen Diskurs verzerren. Eine Umfrage sollte Klarheit bringen, wie groß der Schaden durch Slapps im Vereinigten Königreich tatsächlich ist. Wissenschaftler:innen und Journalist:innen berichteten von gestoppten Karrieren, massiver psychischer Belastung bis hin zu Angst vor dem finanziellen Ruin. Besonders gravierend sei der abschreckende Effekt solcher Klagen – Medien und andere Akteure würden aus Furcht vor hohen Kosten kritische Berichte unterlassen.[10]

Ein europaweites Problem

Im März 2022 legte die *Koalition gegen Slapps in Europa (Case)* einen Bericht vor, der das Ausmaß der Bedrohung durch die schikanösen Klagen in Europa erstmals detailliert und umfassend beleuch-

(7) APA (Hg.): Maltesische Bank muss nach Recherchen von ermordeter Journalistin Millionenbuße zahlen, auf: derstandard.de (1.9.2021).

(8) Europäische Kommission (Hg.): New EU rules to protect against strategic lawsuits against public participation enter into force, auf: commission.europa.eu (3.5.2024).

(9) Europäische Kommission (Hg.): Schutz von Medienschaffenden und Förderung der Medienfreiheit – Neue Vorschriften treten in Kraft, auf: commission.europa.eu (7.5.2024).

tete. In *Shutting out Criticism: How Slapps Threaten European Democracy* wurden 570 Slapp-Fälle aus 29 europäischen Ländern analysiert und aufgezeigt, wie die Reichen und Mächtigen das Rechtssystem nutzen, um Journalisten, Aktivistinnen und andere Personen, die sich für das öffentliche Wohl einsetzen, einzuschüchtern und zum Schweigen zu bringen.[11] Ein aktualisierter Bericht aus dem Dezember 2024 machte deutlich, dass sich die Lage weiter verschärft: Darin wurden 200 zusätzliche Klagen identifiziert, davon 161 allein im Jahr 2022. Für 2023 wurden 166 neue Slapp-Fälle dokumentiert. Insgesamt zählte Case im Zeitraum 2010 bis 2023 knapp über tausend solcher Klagen – ein klarer Hinweis darauf, dass die Einschüchterungsklagen europaweit zunehmen.[12] Gleichzeitig kann ein Bericht keineswegs eine vollständige Erhebung aller Slapp-Fälle in Europa darstellen, denn viele davon kommen nicht ans Licht.

Besonders alarmierend war die Erkenntnis, dass sie sowohl nationale als auch grenzüberschreitende Dimensionen haben. Daher sei dringend eine koordinierte, regionale Antwort erforderlich. Im April 2022 reagierte die EU-Kommission unter der Leitung von Vizepräsidentin Jourová mit einem Vorschlag für Anti-Slapp-Maßnahmen, der schnell den Spitznamen „Daphnes Gesetz" erhielt – in Anspielung auf die Journalistin Caruana Galizia, deren Ermordung die Diskussion über die Notwendigkeit stärkerer Schutzmaßnahmen für Journalisten und Aktivisten weiter angeheizt hatte.[13]

Seit dem 16. Mai 2024 gibt es auch in Deutschland eine „No Slapp"-Anlaufstelle, gegründet auf

> ”
> **Der Bericht zeigt erstmals auf, wie die Reichen und Mächtigen das Rechtssystem nutzen, um Journalisten und Aktivistinnen zum Schweigen zu bringen**
> “

(10) Ministry of Justice (Hg.): Strategic Lawsuits Against Public Participation (SLAPPs): Government response to call for evidence, auf: gov.uk (20.7.2022).

(11) Koalition gegen SLAPPs in Europa (Hg.): Shutting Out Criticism: How SLAPPs Threaten European Democracy, auf: the-case.eu (März 2022).

(12) Koalition gegen SLAPPs in Europa (Hg.): A 2024 Report on SLAPPs in Europe: Mapping Trends and Cases, auf: the-case.eu (9.12.2024).

(13) Fachabteilung Bürgerrechte und konstitutionelle Angelegenheiten (Hg.): Offene SLAPP-Klagen 2022 und 2023, auf: europarl.europa.eu (November 2023).

Anzahl Slapp-Klagen pro Jahr
in 29 europäischen Ländern

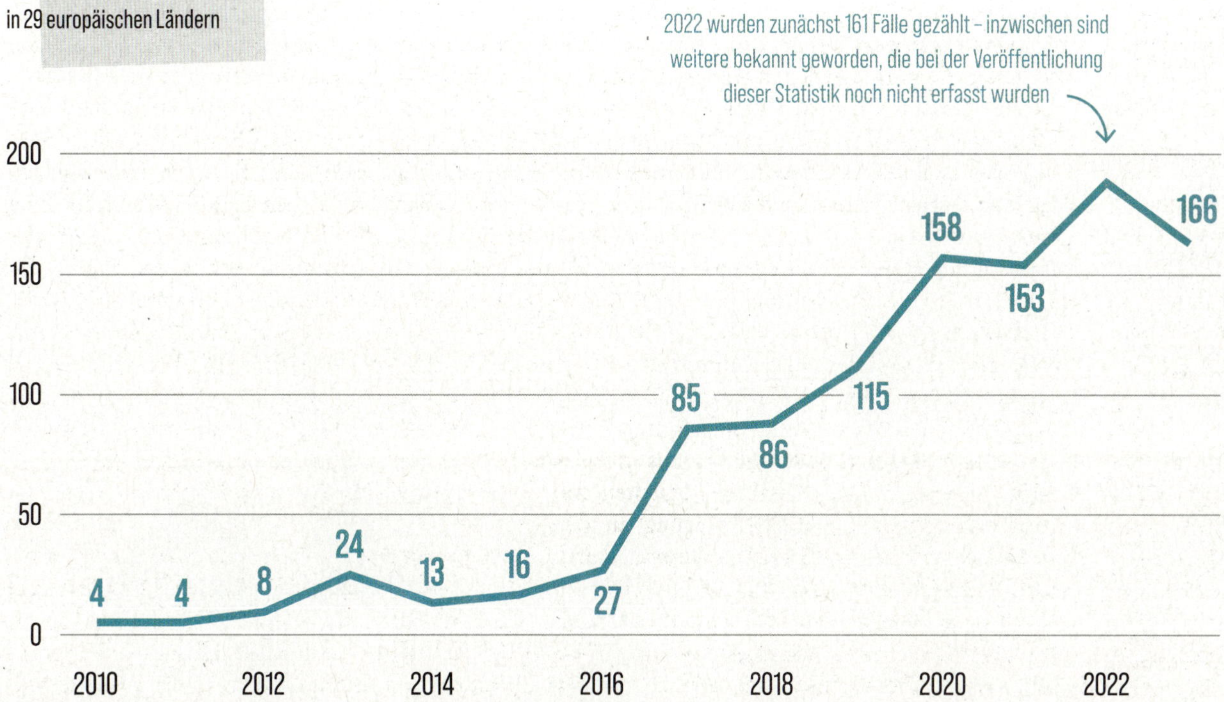

Wer die Slapp-Kläger:innen sind

in 29 europäischen Ländern, in Prozent, Stand 2023

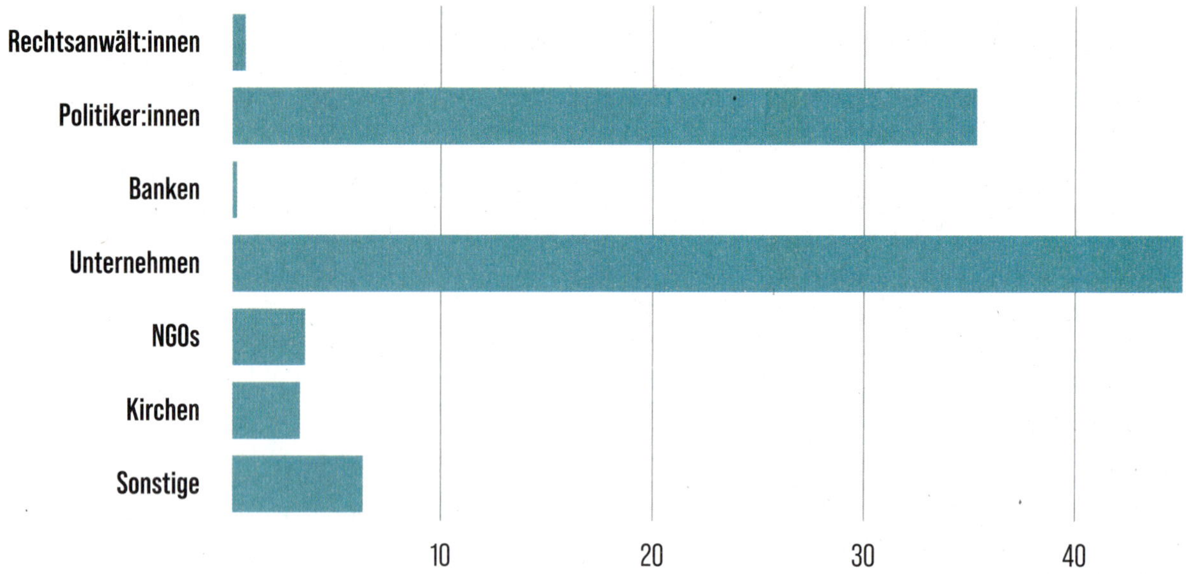

Initiative eines zivilgesellschaftlichen Bündnisses.[14] Sie bietet umfassende Unterstützung im Umgang mit juristischen Einschüchterungspraktiken. Dazu gehören fundierte Expertise, Möglichkeiten zum Austausch für Betroffene sowie gezielte Trainings für Journalist:innen und Jurist:innen, um angemessen reagieren zu können.

Kann das geplante Gesetz Abhilfe schaffen?

Im Juni dieses Jahres hat das Bundesjustizministerium einen Gesetzentwurf zur Umsetzung der europäischen Anti-Slapp-Richtlinie veröffentlicht.[15] Die genaue Ausgestaltung des Gesetzes wird darüber entscheiden, wie stark der Schutz für Journalistinnen und Aktivisten gegen schikanöse Klagen tatsächlich ausfallen wird. Kritiker:innen bemängeln, dass die Richtlinien „an zentraler Stelle zu weit gefasst" seien, was zulasten rechtmäßiger Unterlassungsklagen gehen würde.[16] Ein weiterer Vorwurf: Der Schutz greift erst *nach* Erhebung der Klage. Die häufig existenzgefährdende Einschüchterungswirkung ergibt sich aber schon vorher – etwa aus Abmahnungen oder Drohungen.

Vor allem werden wohl nicht alle Slapp-Fälle überhaupt als solche erfasst werden. Klagen beispielsweise, die kleine Fehler in der Berichterstattung als Angriffspunkt nutzen, fallen in diese Kategorie. Eine Klage gilt nur dann als missbräuchlich, wenn sie auf unbegründeten Ansprüchen beruht. Werden aber tatsächlich falsche Details gefunden – und sei es bei nebensächlichen Punkten –, können die Kläger:innen Unterlassungsansprüche durchsetzen. Dieses Vorgehen ist eine gängige Methode, um Journalist:innen unter Druck zu setzen. Zudem seien die im Entwurf vorgesehenen Strafgebühren viel zu niedrig angesetzt, um etwa große Unternehmen von missbräuchlichen Klagen abzuschrecken. Statt Betroffenen wirklich zu helfen, so das Fazit der Kritik, schafft der Entwurf in seiner jetzigen Form nur minimale Änderungen und verfehlt damit das eigentliche Ziel – den Schutz der Meinungs- und Pressefreiheit.

Slapps sind nicht nur ein Problem für Journalist:innen und Forscher:innen. Sie können die Gesellschaft als Ganzes betreffen und die Demokratie gefährden, wenn wichtige Themen aus Angst vor rechtlichen Konsequenzen nicht mehr angesprochen werden.

ANNA HANSEN
KATAPULT

(14) URL: noslapp.de.

(15) Bundesministerium der Justiz und für Verbraucherschutz (Hg.): Besserer Schutz vor Einschüchterungsklagen: Gesetzentwurf zur Umsetzung von EU-Richtlinie veröffentlicht, auf: bmjv.de (20.6.2025).

(16) Zimmermann, Felix W.: Symbolpolitik statt Schutz – das Anti-SLAPP-Gesetz hilft niemandem, auf: lto.de (27.7.2025).

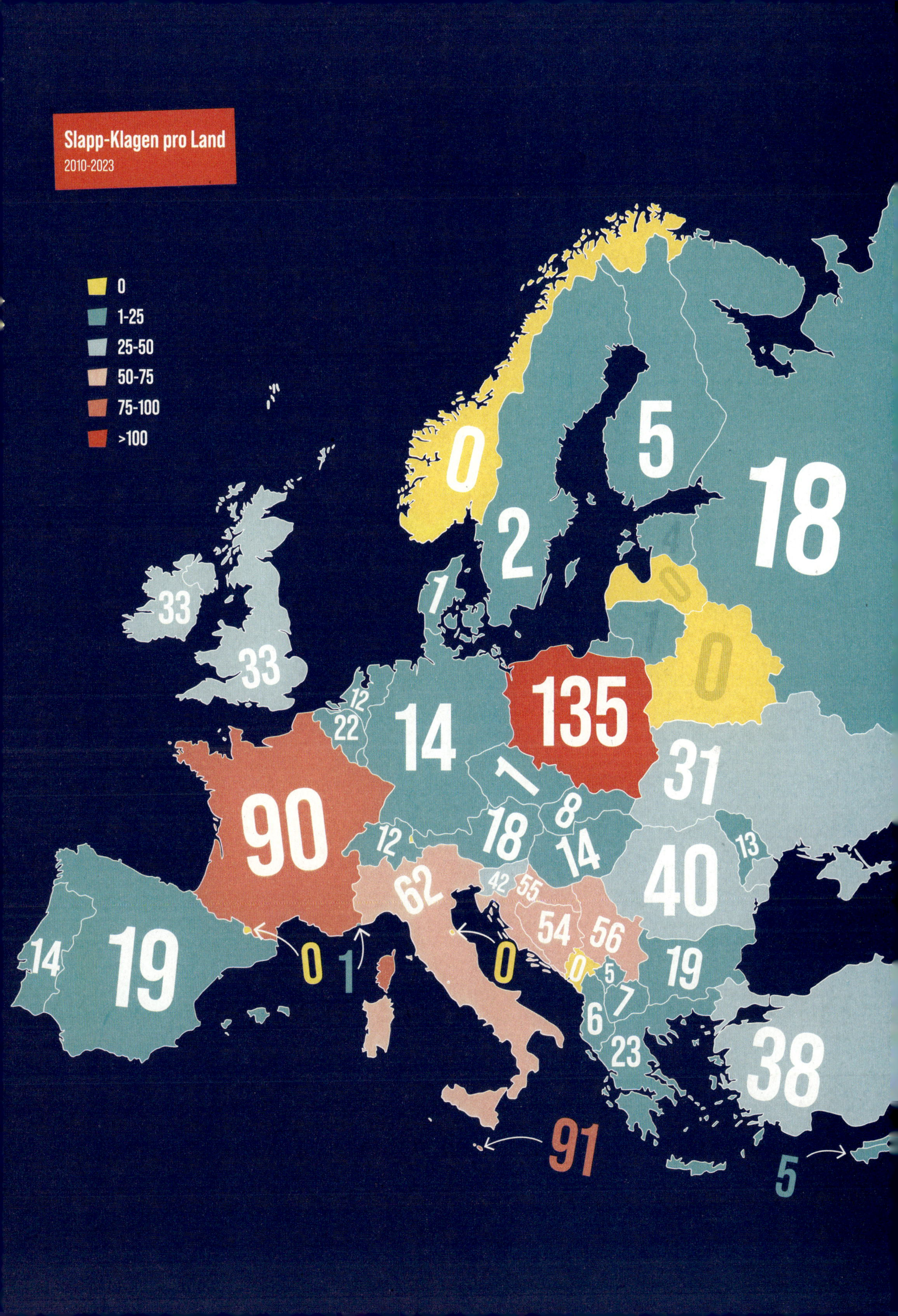
Slapp-Klagen pro Land
2010-2023
0
1-25
25-50
50-75
75-100
>100
0
5
18
2
7
33
33
0
135
12
22
14
1
31
90
8
12
18
14
40
13
19
14
62
42
55
54
56
0
1
0
0
5
19
7
6
23
38
91
5

FRAGMENTE

Länder mit Grenzmauern

Stand 2025

Die Mauern sind nach dem Land aufgelistet, das die Mauer gebaut hat und unterhält. Beispielsweise wird die im Bau befindliche Mauer entlang der Grenze zwischen den USA und Mexiko von den Vereinigten Staaten gebaut und unterhalten, sodass die Vereinigten Staaten als Land mit einer Mauer aufgeführt sind, Mexiko jedoch nicht.

POLNISCH-BELARUSISCHE GRENZE

Grenzmauern schaden dem Ökosystem

Zäune und Mauern an Grenzen hindern nicht nur Menschen am Durchkommen, sondern können auch erhebliche Belastungen für die Natur mit sich bringen. Zu diesem Fazit kommt eine Studie, für die Wissenschaftler 18 Monate hinweg untersucht haben, wie sich der Grenzzaun zwischen Polen und Belarus auf den dortigen Białowieża-Urwald, seine Tiere und Pflanzen auswirkt.

Das Ergebnis? An der Grenze hielten sich deutlich mehr Menschen auf als nahe den Straßen im Inneren des Waldgebiets. Wildtiere hingegen mieden den Grenzbereich – besonders größere Pflanzenfresser wie Rehe und Hirsche. Kleinere Raubtiere wie Füchse und Dachse konnten die Barriere teilweise überwinden und fanden bei den Militärposten Nahrung, was zu Kontakt mit Menschen führte. Diese wiederum hinterließen Plastikmüll, Baumaterialien, Lagerfeuer und gefällte Bäume – mit der höchsten Anzahl im eigentlich streng geschützten Bereich des Białowieża-Nationalparks. Auch mehr invasive Pflanzenarten wurden um die Grenze herum gefunden, wegen höherer Temperaturen und mehr Licht – und weil sie dort von weniger Feinden gefressen werden.

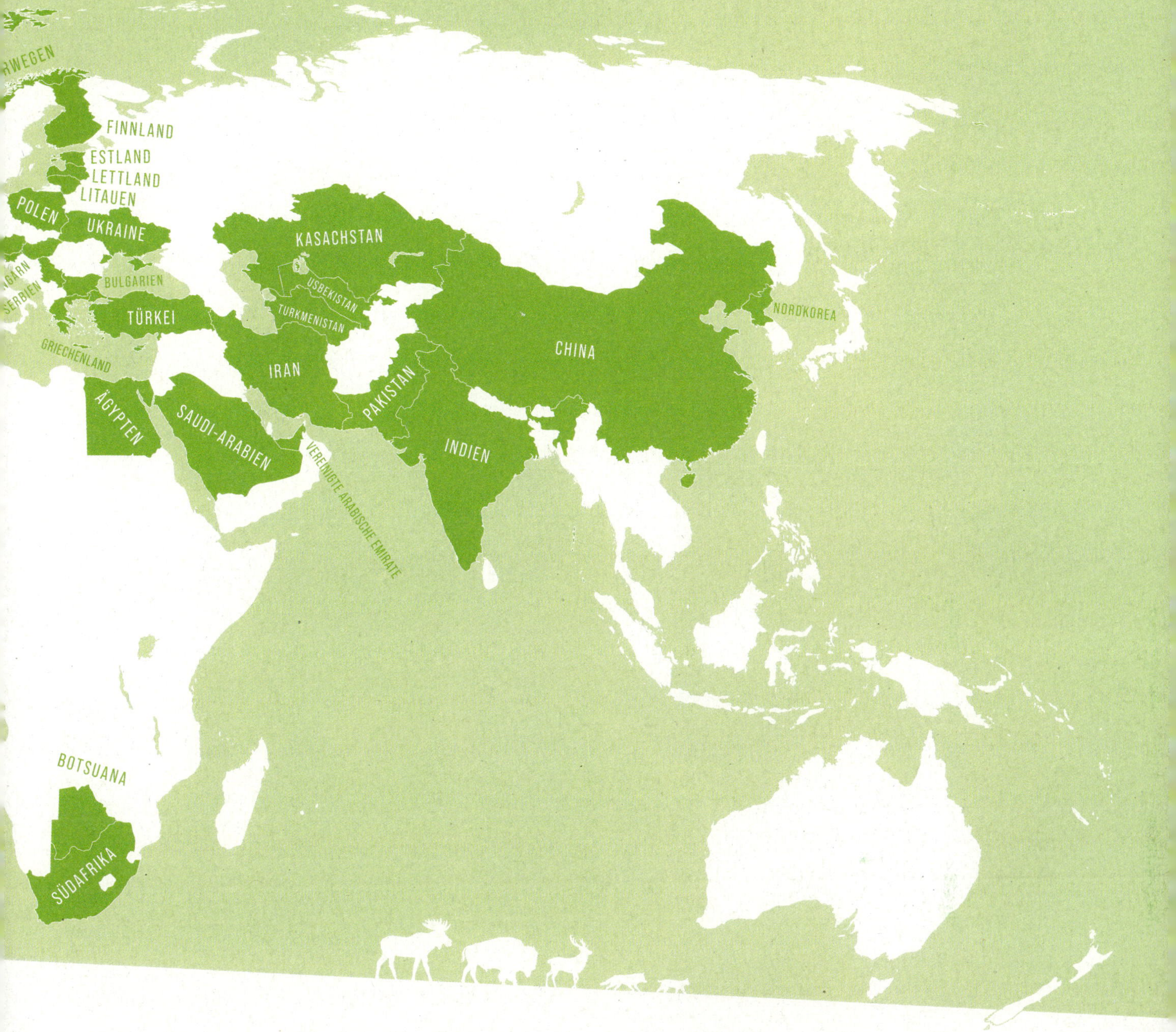

Tierzäune am Beispiel Australiens

schematische Darstellung

… sollen gezielt die Ausbreitung von invasiven Tierarten begrenzen und Nutztiere vor Raubtieren und der Verbreitung von Krankheiten schützen

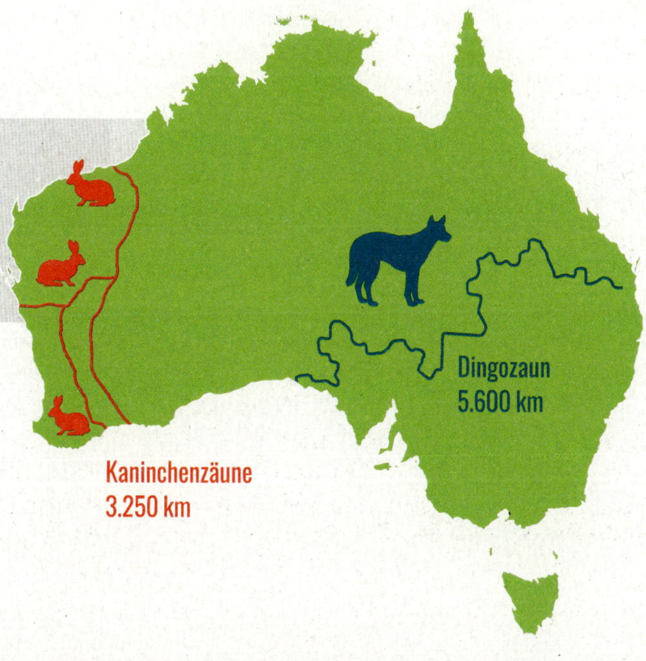

Hitler verlor 1934 leicht an Zustimmung: Wo Autobahnen gebaut wurden, fiel der Rückgang geringer aus

Propagandaeffekt des Autobahnbaus auf die Jastimmen für Hitler, Aug. 1934 gegenüber Nov. 1933, bereinigt um regionale Faktoren*, in Prozentpunkten

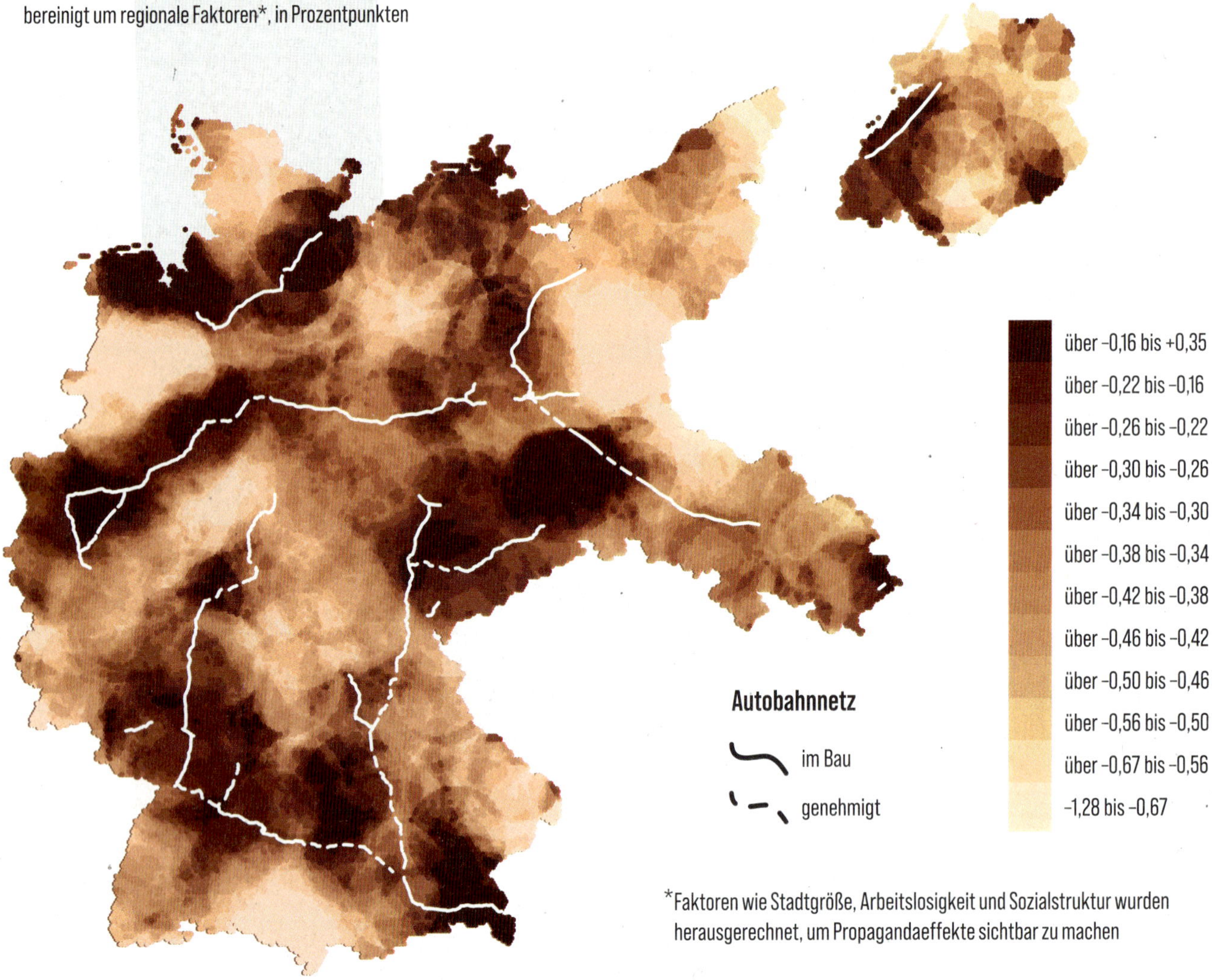

*Faktoren wie Stadtgröße, Arbeitslosigkeit und Sozialstruktur wurden herausgerechnet, um Propagandaeffekte sichtbar zu machen

NAZIREGIME

Propagandabeton

Die ersten Reichsautobahnen wurde bereits in der Weimarer Republik gebaut. Doch die Nazis vergrößerten das Autobahnnetz und trugen damit gleichzeitig zur Festigung ihrer Herrschaft bei. Propagandaminister Joseph Goebbels inszenierte das Projekt als PR-Spektakel. Wo Straßen geplant oder gebaut wurden, stieg die Zustimmung für Hitler messbar – der Autobahnbau überzeugte laut einer Studie sogar bis zu 17 Prozent der vormals kritischen Wähler. Das zeigen der Ökonom Nico Voigtländer und der Historiker Hans-Joachim Voth anhand von Wahldaten aus über 3.000 deutschen Städten – im Vergleich zwischen der gleichgeschalteten Wahl im November 1933 und der Volksabstimmung im August 1934. Der Anteil der Jastimmen für Hitler sank zwischen den beiden Abstimmungen um 2,2 Prozentpunkte (von 92,1 auf 89,9). In Orten, die näher an neu gebauten Autobahnen lagen, fiel der Rückgang geringer aus – mancherorts stieg die Zustimmung sogar.

Überraschend: Der Rückgang der Arbeitslosigkeit erklärt den Effekt kaum. Die Bauvorhaben selbst schufen nur begrenzt Jobs. Dennoch entstand der Eindruck wirtschaftlichen Aufschwungs. Entscheidender war die Propaganda. Besonders in Regionen mit gutem Radioempfang wirkte der Straßenbau als Beweis, dass „der Führer" für Ordnung und Fortschritt sorgte. Selbst bloße Ankündigungen reichten den Wissenschaftlern zufolge, sofern sie überzeugend in Szene gesetzt wurden.

ERNÜCHTERNDE KARTE

Das häufigste Verkehrsmittel für den Weg zur Arbeit

In allen EU-Ländern nutzen die Menschen am liebsten das Auto, um zur Arbeit zu kommen. In den meisten EU-Staaten sogar mehr als die Hälfte der Leute. Eine im letzten Jahr veröffentlichte Studie kam zu dem Ergebnis, dass auch weltweit etwa 51 Prozent der Pendelwege mit dem Auto zurückgelegt werden. Die Analyse basiert auf Daten aus 794 Städten in 61 Ländern; untersucht wurde also nur das urbane Umfeld. Dabei ergaben sich deutliche regionale Unterschiede: Während in nordamerikanischen Städten fast 92 Prozent der Pendelwege mit dem Auto bestritten werden, sind es in Asien und Afrika nur etwas über 20 Prozent.

... in der EU

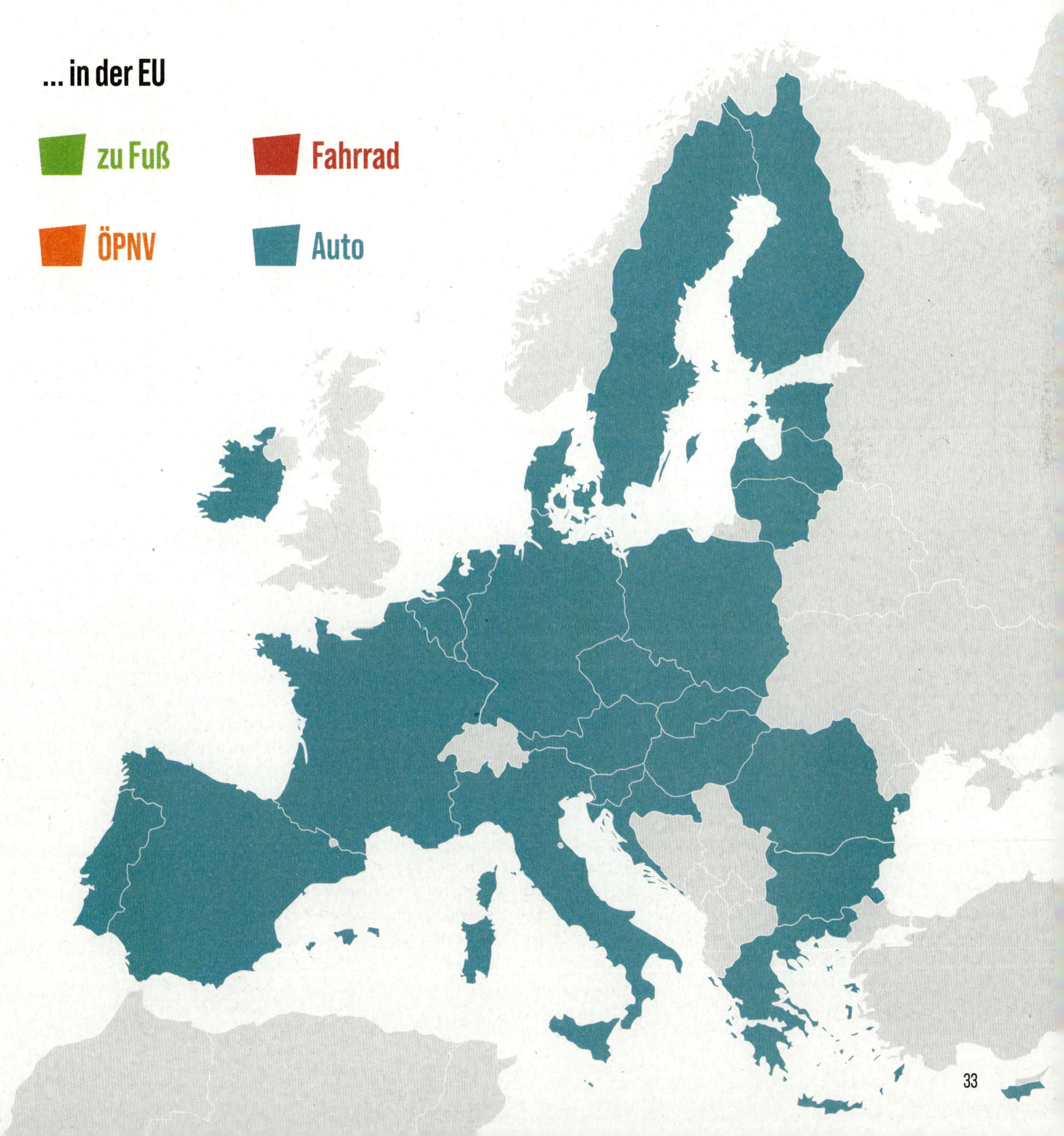

ORGANISIERTE KRIMINALITÄT

Die russische Mafia entstand im Gulag

Das organisierte Verbrechen in Russland ist auch eine Spätfolge des stalinistischen Gulag-Systems, in dessen Netz von Zwangsarbeitslagern zur Sowjetzeit Millionen Menschen inhaftiert waren. Das hat der Ökonom Jakub Lonsky herausgefunden. Grundlage seiner Analyse: über 5.000 Biografien russischer Mafiosi und ein Archiv, das Angriffe auf Unternehmer, Politiker und andere einflussreiche Figuren dokumentiert. Der Wirtschaftswissenschaftler verglich Orte nahe alten Gulags mit weiter entfernten. Die Lager wurden nicht nach sozialen oder wirtschaftlichen Kriterien errichtet. Dennoch zeigt Lonsky, dass gerade dort später tendenziell mehr Mafiabosse lebten und die Gewalt deutlich zunahm.

Am stärksten von der Gewalt betroffen waren Geschäftsleute und Manager staatlicher Betriebe – aber auch rivalisierende andere Kriminelle. Politiker oder Richter wurden seltener attackiert. Besonders brutal wurde es in Regionen mit ethnisch gemischten Mafiazellen, denn interne Spannungen sorgten dort für mehr Gewalt. Auch in politisch umkämpften Gebieten schlug die Mafia öfter zu. Der Autor schätzt: Ohne die Mafia wären zwischen 1992 und 1999 rund zwölf Prozent der Angriffe auf Unternehmer, Beamte und andere wichtige Personen gar nicht passiert.

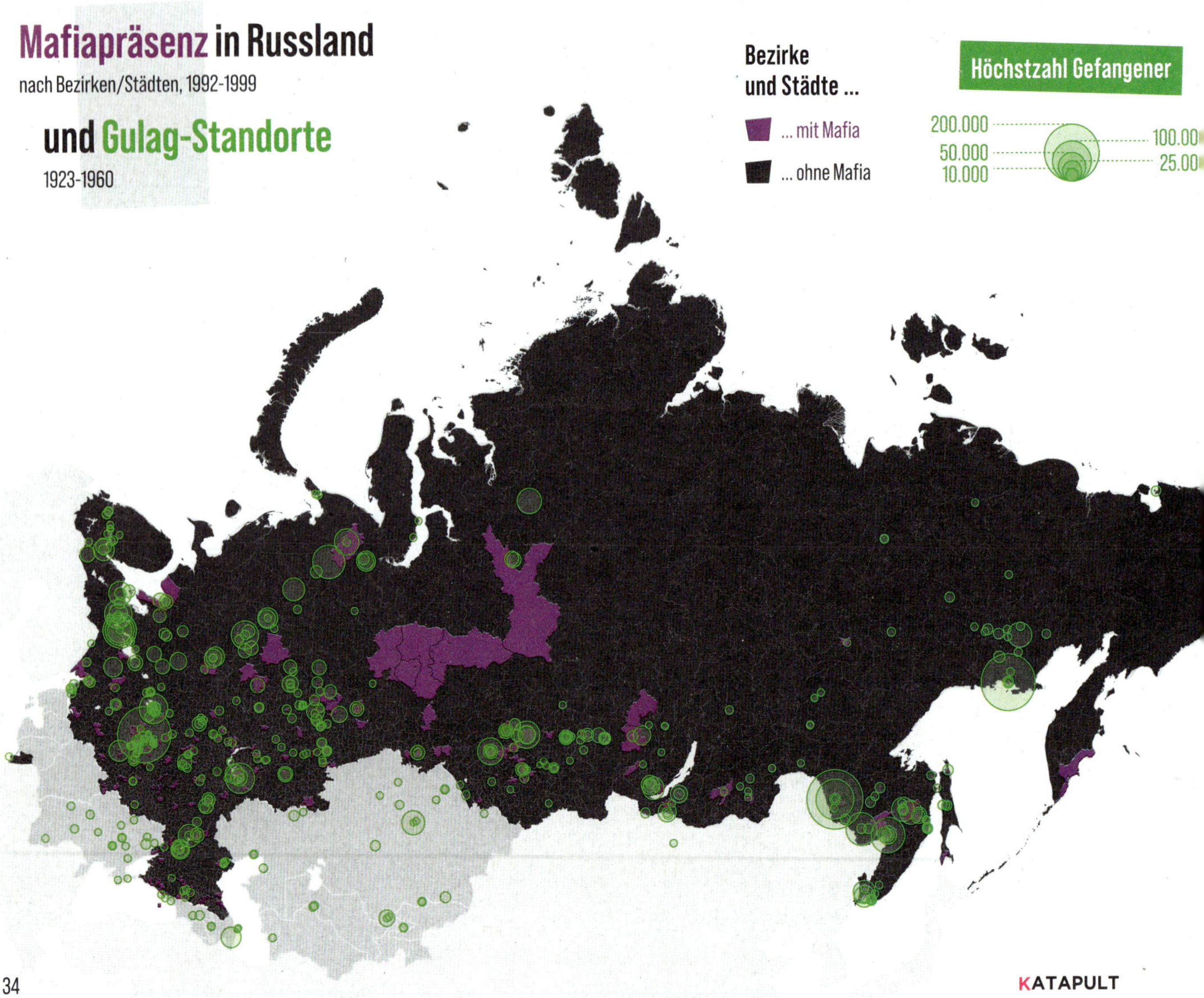

Sprachliche Trends in Medien mit unterschiedlicher politischer Ausrichtung

linksorientiert — Mitte — rechtsorientiert

Anzahl Wörter pro Schlagzeile

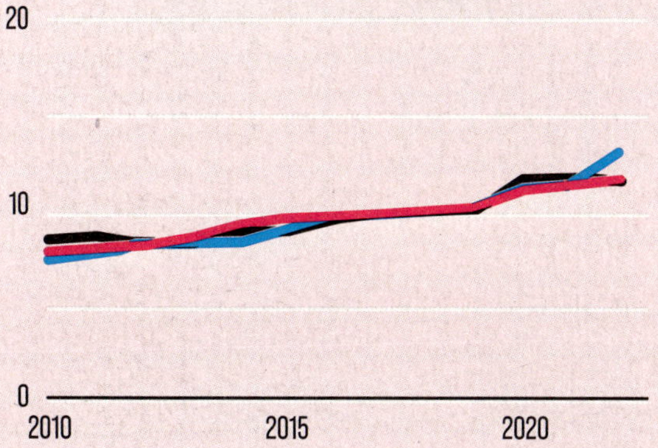

ganzsätzige Schlagzeilen, Anteil in Prozent

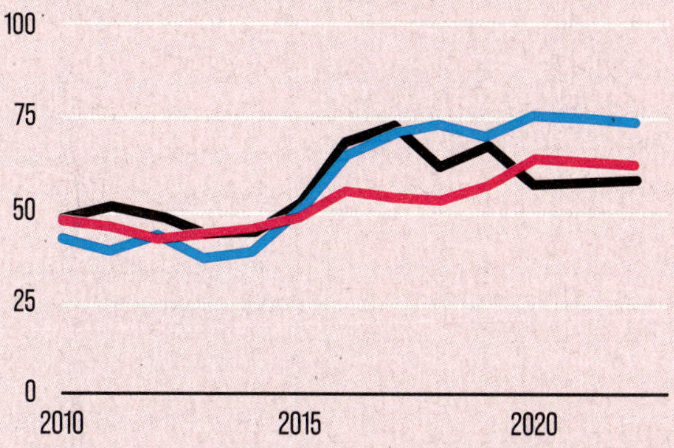

ONLINENACHRICHTEN

Schlagzeilen: Früher kurz, heute lang und negativ

Der Stil von Schlagzeilen auf Nachrichtenwebsites hat sich in den vergangenen 20 Jahren stark verändert. Sie sind im Durchschnitt länger und negativer geworden, und es werden häufiger vollständige Sätze verwendet. Um Aufmerksamkeit zu erzeugen, enthalten sie Merkmale, die mit einer höheren Klickrate in Verbindung gebracht werden, etwa durch persönliche Ansprache oder neugierig machende Formulierungen.

Das ist das Ergebnis einer Studie von Forschenden des Berliner Max-Planck-Instituts für Bildungsforschung, die rund 40 Millionen Schlagzeilen englischsprachiger Nachrichtenseiten aus den letzten zwei Jahrzehnten ausgewertet haben. Die Veränderungen zeigen sich über Ländergrenzen hinweg und sind unabhängig von politischer Ausrichtung oder Qualität der Medien – wenn auch unterschiedlich ausgeprägt.

Die Erkenntnisse werfen auch weitergehende Fragen auf. Sprachliche Merkmale, die in früheren Studien mit Falschinformationen assoziiert wurden, finden sich zunehmend auch in den Schlagzeilen etablierter Medien. Das macht es schwieriger, manipulative Inhalte allein am Sprachstil zu erkennen – und sie von seriösen zu unterscheiden.

negative Schlagzeilen, Anteil in Prozent

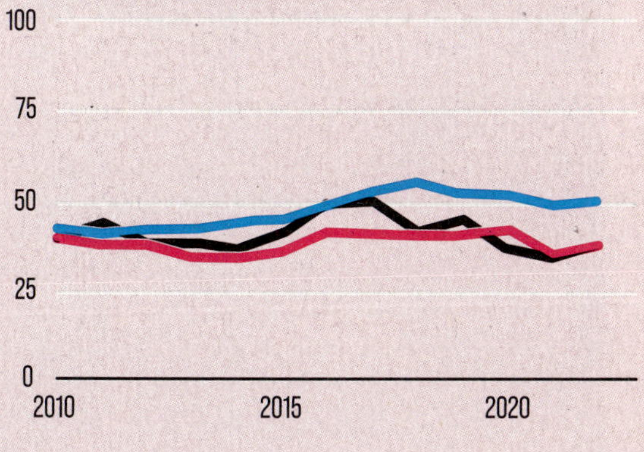

positive Schlagzeilen, Anteil in Prozent

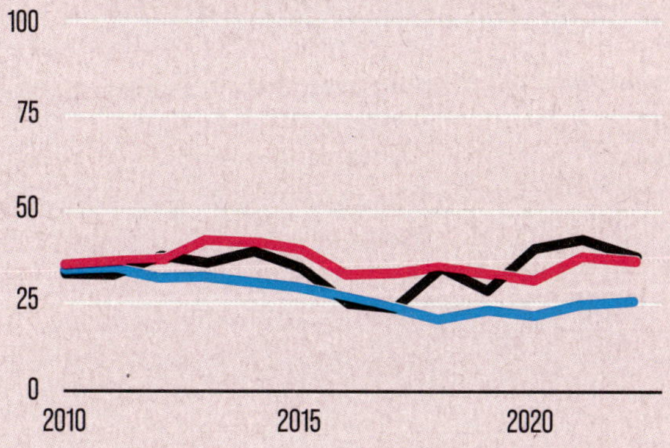

PSYCHOTHERAPIE BEI GEFLÜCHTETEN

Drei Prozent kriegen Hilfe

Viele Geflüchtete in Deutschland leiden unter einer psychischen Erkrankung. Nur ein Bruchteil von ihnen erhält angemessene Hilfe. Es fehlt an gut ausgebildetem Personal und politischem Willen.

VON **CORNELIA SCHIMEK**

„Psychotherapie funktioniert aus meiner Sicht für alle", sagt der Psychotherapeut Ahmed Al-Hafedh, der in Potsdam geflüchtete Menschen aus Syrien behandelt. Wichtig sei allerdings, den kulturellen Hintergrund der Patient:innen zu berücksichtigen. Sobald aber Vertrauen zwischen Patient:in und Therapeut:in besteht, „greifen die gleichen Mechanismen, die auch für deutsche Patienten funktionieren".[1] Trotzdem bekommen in Deutschland nur 3,3 Prozent der Geflüchteten mit einer psychischen Erkrankung auch professionelle Hilfe.[2] Das geht aus dem aktuellen Versorgungsbericht der Bundesweiten Arbeitsgemeinschaft der Psychosozialen Zentren für Flüchtlinge und Folteropfer (BAfF) hervor, der im Juni veröffentlicht wurde.

Dabei ist der Therapiebedarf groß: Rund 40 Prozent der Geflüchteten in Deutschland leiden unter Symptomen einer Depression, wie Antriebslosigkeit oder Niedergeschlagenheit. Jeder dritte Geflüchtete zeigt Anzeichen einer posttraumatischen Belastungsstörung. Dazu gehören Flashbacks[3] oder Albträume. Das belegt eine Metaanalyse aus dem Jahr 2021, in der Wissenschaftler:innen 31 Studien aus Deutschland ausgewertet haben.[4] Internationale Untersuchungen bestätigen diese Zahlen.[5]

Wenn überhaupt, gibt es Psychopharmaka

Bei beiden Störungsbildern helfe eine Psychotherapie besser und langfristiger als eine rein medikamentöse Behandlung, erklärt Psychologin Sarah Wilker von der Universität Biele-

> „Rund 40 Prozent der Geflüchteten in Deutschland leiden unter Symptomen einer Depression, wie Antriebslosigkeit oder Niedergeschlagenheit"

(1) Fannrich, Isabel: Warum Therapieplätze für Geflüchtete fehlen, Min. 8:20, auf: deutschlandfunk.de (14.4.2025).

(2) Bundesweite Arbeitsgemeinschaft der psychosozialen Zentren für Flüchtlinge und Folteropfer (BAfF, Hg.): Flucht & Gewalt, S. 14, auf: baff-zentren.org (2025).

(3) Plötzliche und intensive Erinnerungen an das traumatische Ereignis.

(4) Hoell, Andreas u.a: Prevalence of depressive symptoms and symptoms of post-traumatic stress disorder among newly arrived refugees and asylum seekers in Germany: systematic review and meta-analysis, in: BJPsych Open 7(3) (Mai 2021).

(5) Blackmore, Rebecca u.a: The prevalence of mental illness in refugees and asylum seekers: A systematic review and meta-analysis, in: PLoS Medicine 17(9) (21.9.2020).

feld.[6] Sie und ihr Team befragten Anfang 2020 rund 150 Geflüchtete einer Ersteinrichtung und interviewten diese nach zwölf Monaten erneut. Zwei Informationen waren für die Wissenschaftler:innen relevant. Zum einen: Wie ist der psychische Zustand der Menschen? Und: Bekommen Betroffene angemessene Hilfe? Die Ergebnisse bestätigen die große Versorgungslücke: Nur vier Prozent der Geflüchteten mit einer psychischen Erkrankung[7] erhielten eine Psychotherapie, die nach den Kriterien der Weltgesundheitsorganisation ausreichend ist, also mindestens acht Sitzungen umfasst. Dreizehn Prozent erhielten Medikamente in Kombination mit mindestens vier Arztbesuchen.[8] Sprich: Wenn Geflüchtete überhaupt angemessene Hilfe bekommen, dann eher Psychopharmaka als eine umfassende Psychotherapie. Warum ist das so?

Psychotherapie erst nach drei Jahren möglich

Ein Grund liegt in der Verschärfung des Asylbewerberleistungsgesetzes, die die Ampel-Regierung zum Januar 2024 beschlossen hat. Seitdem erhalten Geflüchtete erst nach drei Jahren – und nicht schon nach anderthalb wie vor der Änderung – vollen Zugang zu medizinischer Versorgung. Davor dürfen sie lediglich bei akuten Erkrankungen und Schmerzen zum Arzt.[9] Für jeden Besuch brauchen sie allerdings einen Behandlungsschein, den sie separat beim

(6) Fannrich 2025, ab Min. 3:15.

(7) Gemessen mittels Fragebögen und der Selbsteinschätzung, ob Hilfe benötigt wird.

(8) Dumke, Lars u.a: Low access and inadequate treatment in mental health care for asylum seekers and refugees in Germany—A prospective follow-up study over 12 months and a nationwide cross- sectional study, in: Applied Psychology: Health and Well-Being 16(3), S. 1141-1158 (2024).

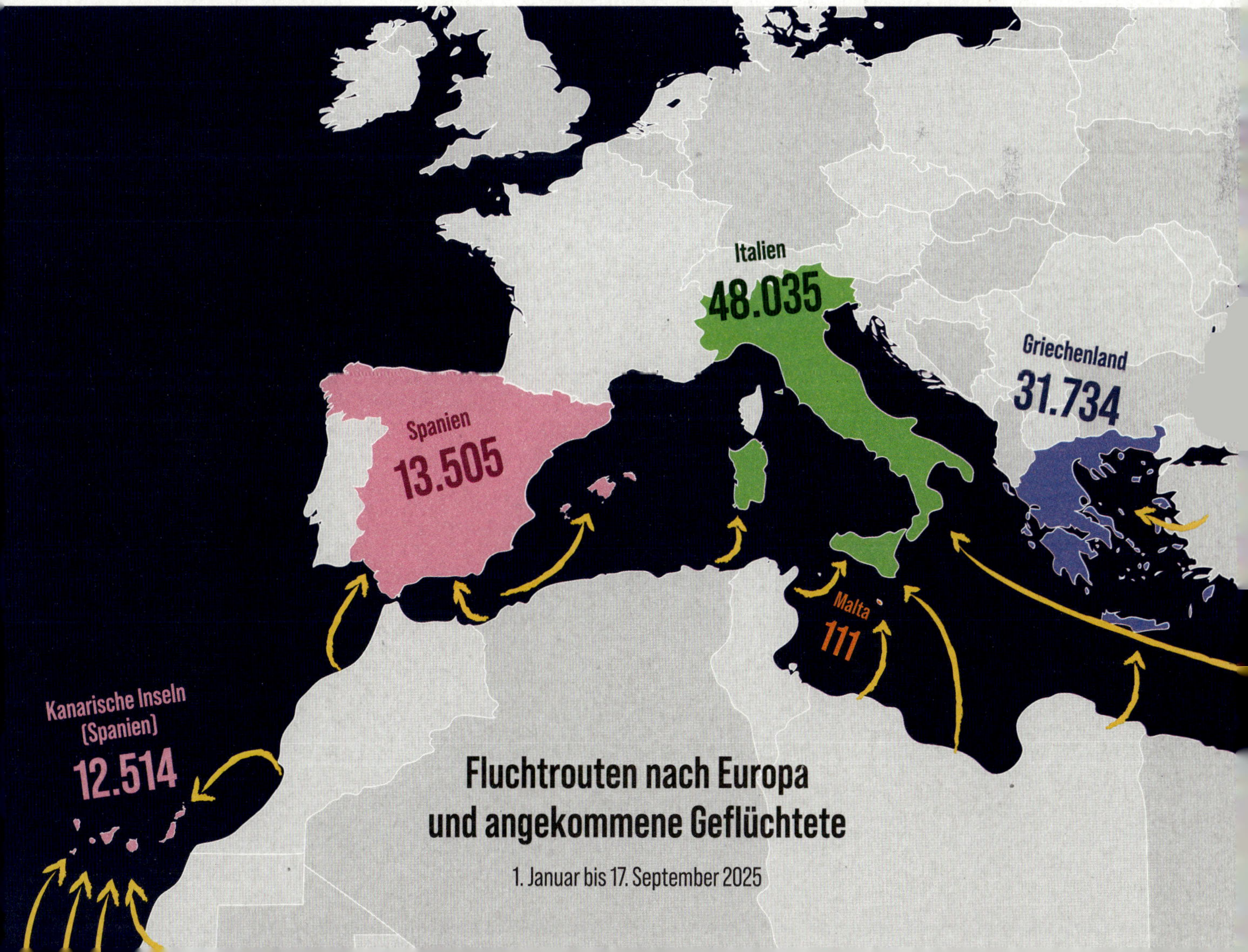

(9) BAfF 2025, S. 33, 99.

(10) Fannrich 2025, ab Min. 4:50.

(11) Berndt, Christina: „Psychotherapie gibt es erst, wenn ein Geflüchteter hochgradig psychotisch ist", auf: sueddeutsche.de (13.2.2024).

(12) Deutsches Zentrum für Integrations- und Migrationsforschung (Hg): Rassismus und seine Symptome, S. 136-139, auf: rassismusmonitor.de (7.11.2023).

Sozialamt beantragen müssen. Theoretisch ist mit einem solchen Schein eine Psychotherapie möglich,[10] praktisch sind Geflüchtete aber „von der regulären psychiatrischen und psychotherapeutischen Versorgung quasi ausgeschlossen", kritisiert Meryam Schouler-Ocak, Professorin an der Berliner Charité. „Psychotherapie gibt es erst, wenn ein Geflüchteter hochgradig psychotisch ist."[11] Denn für die ohnehin schon überlasteten Praxen bedeutet eine Behandlung einen großen Extraaufwand. Es scheitert also auch an der Bürokratie.

Doch selbst nach drei Jahren ist eine Therapie für viele nicht sicher, da es insgesamt zu wenige Plätze gibt. Diskriminierendes Verhalten seitens des medizinischen Personals kann die Vergabe von Therapieplätzen zusätzlich erschweren. Das zeigt ein Experiment, das das Deutsche Zentrum für Integrations- und Migrationsforschung 2023 veröffentlicht hat. Wissenschaftler:innen wählten knapp 6.800 Praxen verschiedener Fachrichtungen zufällig aus und fragten nach einem Termin für eine fiktive Person. Der Name der Person variierte und war entweder typisch deutsch, türkisch oder nigerianisch. Das Ergebnis: Hatte die fiktive Person einen Nachnamen, der in Nigeria oder der Türkei verbreitet ist, war die Wahrscheinlichkeit, einen Termin bei einer psychotherapeutischen Praxis zu bekommen, durchschnittlich um zwölf (türkisch) beziehungsweise acht (nigerianisch) Prozentpunkte geringer als bei einem deutschen Namen. In Praxen anderer Fachrichtungen waren die Unterschiede deutlich geringer.[12]

Geister zu sehen bedeutet nicht gleich, schizophren zu sein

Das kann auch daran liegen, dass Therapeut:innen Berührungsängste haben, mit Personen einer anderen Sprache und Kultur zu arbeiten. Denn: Für eine Behandlung brauchen Therapeut:innen besonderes Wissen und Fähigkeiten. Warum? Weil psychische Störungen je nach Kultur unterschiedlich erlebt und ausgedrückt werden. Konkret heißt das zum Beispiel, dass

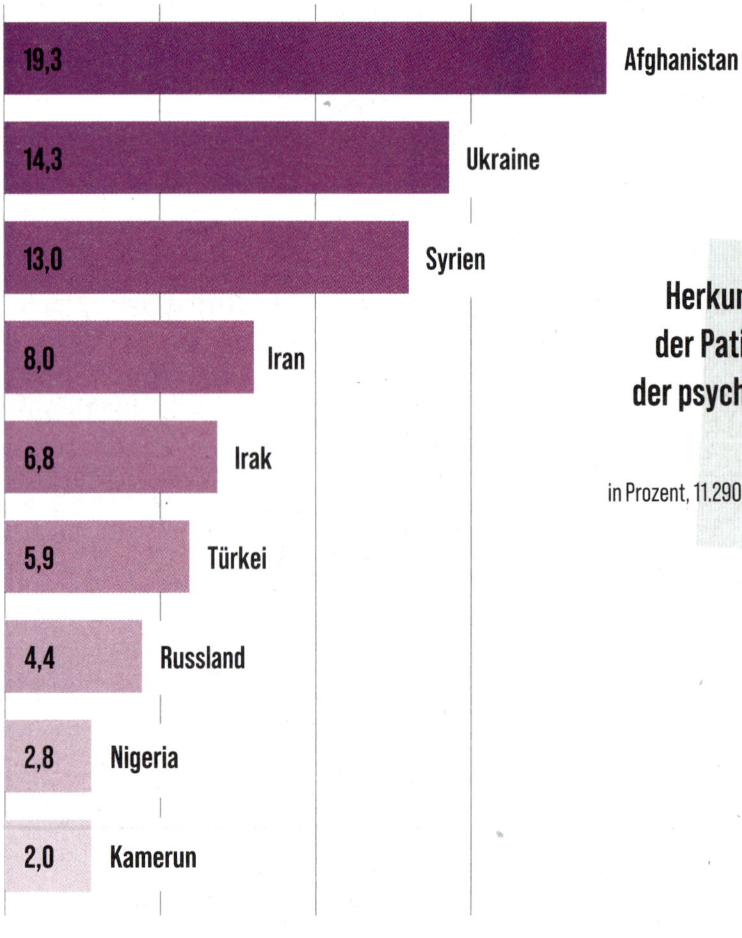

Herkunftsländer der Patient:innen der psychosozialen Zentren

in Prozent, 11.290 Befragte, 2023

Wahrscheinlichkeit, bei Praxen verschiedener Fachrichtungen einen Termin zu bekommen, wenn der Name ...

... deutsch ... nigerianisch ... türkisch ... klingt

in Prozent, insgesamt 6.789 Terminanfragen im Zeitraum Juni 2022 bis Februar 2023

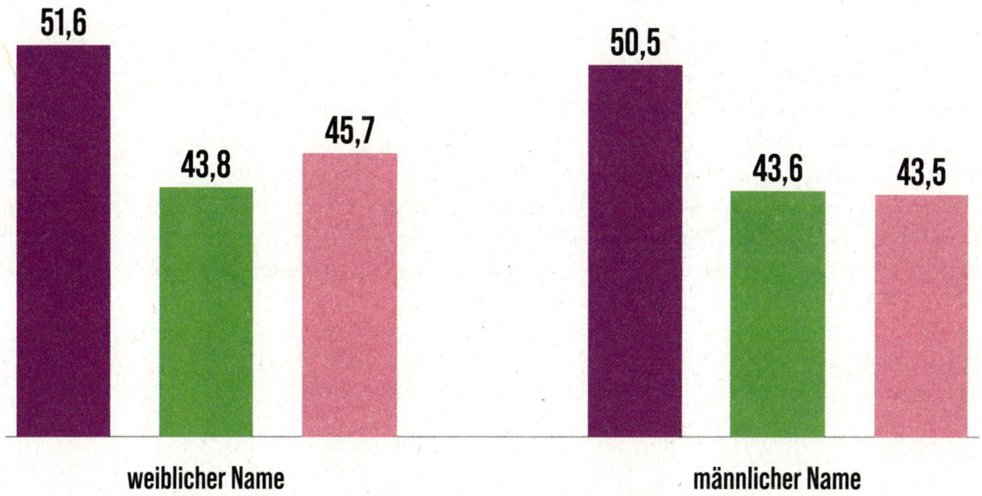

„Seit der Gesetzesverschärfung der Ampel erhalten Geflüchtete erst nach 3 statt nach 1,5 Jahren vollen Zugang zur Gesundheitsversorgung“

in manchen Kulturen bei Depressionen körperliche Beschwerden im Vordergrund stehen. Die Patient:innen berichten dann vor allem von Rückenschmerzen, Kopfschmerzen, Schwindel oder Müdigkeit. Traurigkeit oder andere negative Emotionen, die typisch für eine Depression sind, werden zum Teil selbst bei Nachfrage nicht geäußert. Wenn ein Patient psychische Probleme über körperliche Beschwerden ausdrückt, heißt das Somatisierung. Das Problem: Werden solche Besonderheiten nicht berücksichtigt, kommt es zu Fehldiagnosen und falschen Behandlungsansätzen. Die Psychiater Jan Dreher und Alexander Kugelstadt, die einen Podcast zu den Themen Psychiatrie und Psychotherapie moderieren, fassen es so zusammen: „Dann wird zum achten Mal ein MRT von der Wirbelsäule durchgeführt, mit dem überraschenden Ergebnis: leichte Abnutzungserscheinungen, ansonsten unauffällig.“ Es kommt aber zu keiner zielführenden Behandlung, weil das eigentliche Problem ganz woanders liegt. Der Grund für die Somatisierung: Körperliche Symptome sind deutlich akzeptierter – die Scham, davon zu berichten, ist geringer.[13]

(13) Dreher, Jan; Kugelstadt, Alexander: Kultursensitive Psychiatrie mit Dilan, ab Min. 10:30, auf: psychcast.de (23.11.2019).

(14) Ebd., ab Min. 5:05.

(15) Von Lersner, Ulrike; Kizilhan, Jan I.: Kultursensitive Psychotherapie, Göttingen 2017, S. 14-15.

Psychosoziale Zentren je Bundesland

Stand 2023

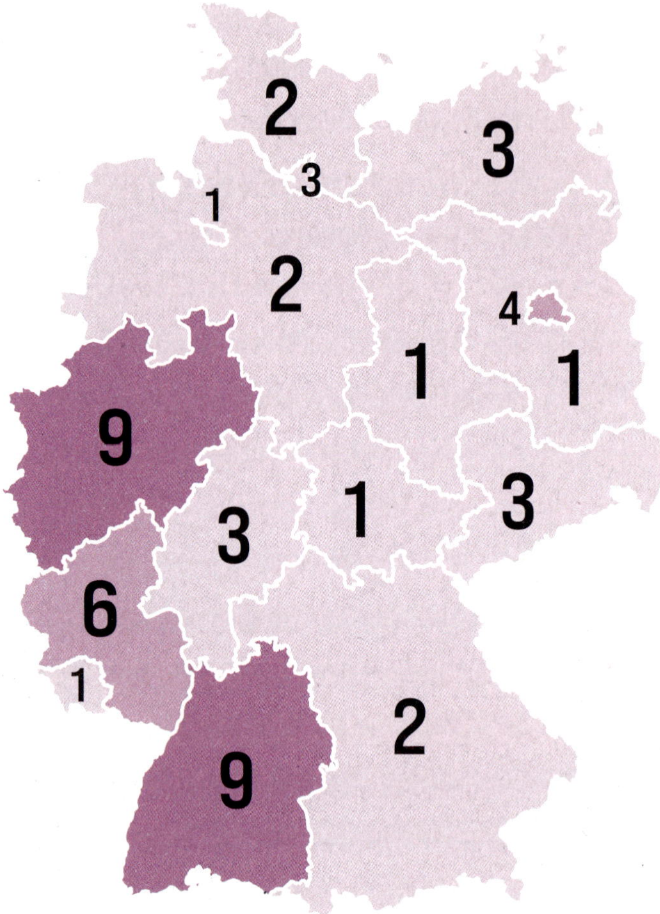

Ein weiteres Fallbeispiel der beiden Psychiater verdeutlicht, wie entscheidend die Berücksichtigung kultureller Besonderheiten in der Therapie ist. So habe ein Patient in der Therapie mehrfach davon berichtet, Geister zu sehen und deren Stimmen zu hören. Mit diesen Symptomen erfüllte der Patient die Kriterien einer Psychose und bekam entsprechende Medikamente verschrieben. In Angehörigengesprächen erzählten jedoch auch Familienmitglieder von Geistern. Gemeint war, dass die Familie gerade einige Schicksalsschläge erlitten hatte, nicht Geister nach westlichem Verständnis.[14]

Zwar sind das nur einzelne Anekdoten. Sie veranschaulichen jedoch, dass Therapeut:innen für die Arbeit mit Geflüchteten geschult sein müssen, um eine wirksame Therapie anbieten zu können. Wichtig ist außerdem, dass sie die Lebensbedingungen und die politische Situation im Herkunftsland kennen. Was noch? Auch die besonderen Belastungen, die sich für die Menschen nach ihrer Flucht in Deutschland ergeben, sollten beachtet werden.[15] Dazu zählen zum Beispiel der unsichere Aufenthaltsstatus, fehlender Zugang zum Arbeitsmarkt oder finanzielle Unsicherheiten.[16]

Im Saarland bekommt nur jeder 200. Betroffene Hilfe

Eine angemessene Versorgung setzt also nicht nur psychologisches Wissen voraus. Aus diesem Grund wurden in den Achtzigerjahren in der Bundesrepublik sogenannte psychosoziale Zentren (PSZ) gegründet. Die Idee der Einrichtungen: Geflüchtete sofort therapeutisch, aber auch sozialarbeiterisch und rechtlich zu unterstützen, unabhängig von langwierigen Entscheidungen von Sozialämtern.[17] So soll die prekäre Versorgungssituation verbessert werden. Aktuell gibt es in Deutschland insgesamt 51 solcher Zentren.[18] Dabei unterscheiden sich die Bundesländer deutlich darin, wie viele Geflüchtete Unterstützung erhalten, wie Berechnungen des Recherchenetzwerks *Correctiv* ergaben: Während 2021 in Berlin jeder zehnte bei einem PSZ um Hilfe Ersuchende eine Therapie erhielt, war es in Nordrhein-Westfalen nur jeder hundertste, im Saarland sogar nur jeder zweihundertste.[19]

Alle Angebote der Zentren, egal ob Psychotherapie oder rechtliche Beratung, sind kostenfrei.[20] Die Einrichtungen sind in einem Dachverband organisiert, der BAfF. Sie erhebt neben

(16) BAfF 2025, S. 32.

(17) Fannrich 2025, ab Min. 12:30.

(18) BAfF 2025, S. 9.

(19) Dowideit, Anette; Keller, Gabriela: Traum(a)-land, auf: correctiv.org (6.12.2023).

(20) BAfF 2025, S. 39.

(21) BAfF (Hg.): Nur 3,3 Prozent des Bedarfs gedeckt: Schwere Versorgungslücke für Überlebende von Folter und Gewalt, auf: baff-zentren.org (26.5.2025).

(22) BAfF 2025, S. 95.

der Versorgungslücke auch die Ausstattung und Finanzierung der Einrichtungen. So finanzieren sich die Zentren zu etwa 30 Prozent aus Mitteln der Länder, der Bund steuert rund 16 Prozent bei. Insgesamt sind das für den Bund dieses Jahr um die elf Millionen Euro. Laut Yukako Karato, Referentin für Versorgungsanalyse bei der BAfF, ist das „etwa ein Zehntel dessen, was für rechtswidrige Zurückweisungen an den deutschen Außengrenzen ausgegeben wird".[21] Die Finanzierung gilt immer nur für einen begrenzten Zeitraum, sodass es schwierig ist, langfristige Stellen zu schaffen. Eine neue Förderung zu beantragen, bedeutet einen enormen bürokratischen Aufwand.[22]

Jeder investierte Euro bringt drei Euro Gewinn

Die BAfF beklagt, dass die Finanzierung durch den Bund und die Länder viel zu gering ausfällt. Auch das ist ein Grund, weswegen nur ein so geringer Teil der Betroffenen Hilfe erhält. Dabei würde sich eine ausreichende psychosoziale Betreuung geflüchteter Menschen positiv auf die Wirtschaft auswirken, wie eine Modellrechnung der Universität Bielefeld und der Hochschule Fulda 2024 ergab: Jeder Euro, der in die psychische Gesundheit von Geflüchteten investiert wird, erzielt einen volkswirtschaftlichen Gewinn in Höhe von 2,5 bis 3 Euro. Denn eine gute Versorgung kann dazu beitragen, dass mehr Geflüchtete dem Arbeitsmarkt zur Verfügung stehen und Transferleistungen wie Krankengeld oder Erwerbsminderungsrenten reduziert werden können.[23] Neben den ökonomischen Vorteilen würde Deutschland so auch seiner Verpflichtung zu einer angemessenen medizinischen Versorgung schutzsuchender Menschen nachkommen. Denn: Laut BAfF verstößt die Bundesrepublik aufgrund der mangelhaften Behandlung zurzeit gegen Verpflichtungen aus mindestens acht internationalen Verträgen.[24]

(23) Gerlinger, Thomas; Greß, Stefan; Polat, Leyla: Psychosoziale Zentren: Leistungen, Finanzierung, ökonomischer Nutzen, Finanzierungsalternativen, S. 32-40, auf: pub.uni-bielefeld.de (2024).

(24) BAfF 2025, S. 25. – Gemeint sind Verträge wie zum Beispiel die EU-Grundrechtecharta oder die UN-Kinderrechtskonvention.

„Durch eine gute Versorgung könnten mehr Geflüchtete dem Arbeitsmarkt zur Verfügung stehen und Transferleistungen reduziert werden"

CORNELIA SCHIMEK
KATAPULT

STUDIE

Vertrauen in Parlamente bröckelt – das in die Staatsgewalt wächst

Studie: „A Crisis of Political Trust? Global Trends in Institutional Trust from 1958 to 2019“ von Viktor Valgarðsson, Will Jennings, Gerry Stoker, Hannah Bunting, Daniel Devine, Lawrence McKay und Andrew Klassen (Februar 2025)

Kurz: Das Vertrauen der Bürger in ausführende staatliche Organe wie Polizei, Justiz oder Verwaltung ist in den letzten Jahrzehnten gestiegen, das in repräsentative Institutionen wie Parlament, Regierung oder Parteien ist dagegen gesunken.

Hat das Vertrauen der Menschen in politische Institutionen zu- oder abgenommen? Frühere Studien kamen in dieser Frage zu widersprüchlichen Antworten. In einer neuen Studie unter der Leitung von Viktor Valgarðsson von der Universität Southampton wird nun argumentiert, dass die uneindeutigen Ergebnisse oft davon herrührten, dass nicht klar genug zwischen den verschiedenen Institutionen unterschieden wurde.

Um hier Klarheit zu schaffen, unterscheiden die Politikwissenschaftler zwischen „repräsentativen“ Institutionen (wie Parlamenten, Regierungen und politischen Parteien) und „ausführenden“ (wie Polizei, Justiz und öffentlicher Verwaltung). Die Analyse basiert, das ist neu, auf einem beispiellosen Datensatz: 5,3 Millionen Teilnehmende aus fast 3.400 Umfragen in 143 Ländern, die zwischen 1958 und 2019 durchgeführt und mit aufwendigen Berechnungsmethoden ausgewertet wurden.

Die Ergebnisse zeigen klare, aber gegenläufige Trends: Das Vertrauen in repräsentative Institutionen wie Parlamente ist in den vergangenen Jahrzehnten in vielen Demokratien weltweit gesunken, im Durchschnitt um rund neun Prozentpunkte. Im Gegensatz dazu ist das Vertrauen in nichtrepräsentative, ausführende Organe wie die Polizei um etwa 13 Prozentpunkte gestiegen.

Diese Entwicklungen sind nicht überall gleich ausgeprägt: Besonders deutlich ist das Vertrauen in den USA, Frankreich, Italien oder Spanien gebröckelt. Die USA verzeichneten seit den Sechzigerjahren einen Abwärtstrend, der jahrzehntelang schwankte. Nach der Weltwirtschaftskrise 2007/08 nahm das Vertrauen weiter ab und erreichte 2016 einen Tiefpunkt. Innerhalb Europas zeigt sich ein gemischtes Bild: Während das Vertrauen etwa in Nordeuropa teils steigt, ist es in Ländern Süd- und Osteuropas deutlich gesunken. Und in Lateinamerika stieg das Vertrauen zunächst, ist aber seit den 2010er-Jahren mitunter drastisch gefallen. Es gibt aber auch Ausnahmen wie Neuseeland, wo das Vertrauen in die repräsentativen Institutionen wieder zunahm.

Nach Ansicht der Forschenden deutet dieser Vertrauensverlust in die Kerninstitutionen einer Demokratie darauf hin, dass die Bürger zwar die gewählten Repräsentanten ablehnen, jedoch weiterhin dem „Umsetzungsapparat“ Staat vertrauen. Langfristig könne das den Boden für autoritäre oder populistische Strömungen bereiten.

Studiendesign

Stil	quantitativ
Dauer	Längsschnitt
Erhebung	vorhandene Daten
Veröffentlichung	Fachzeitschrift

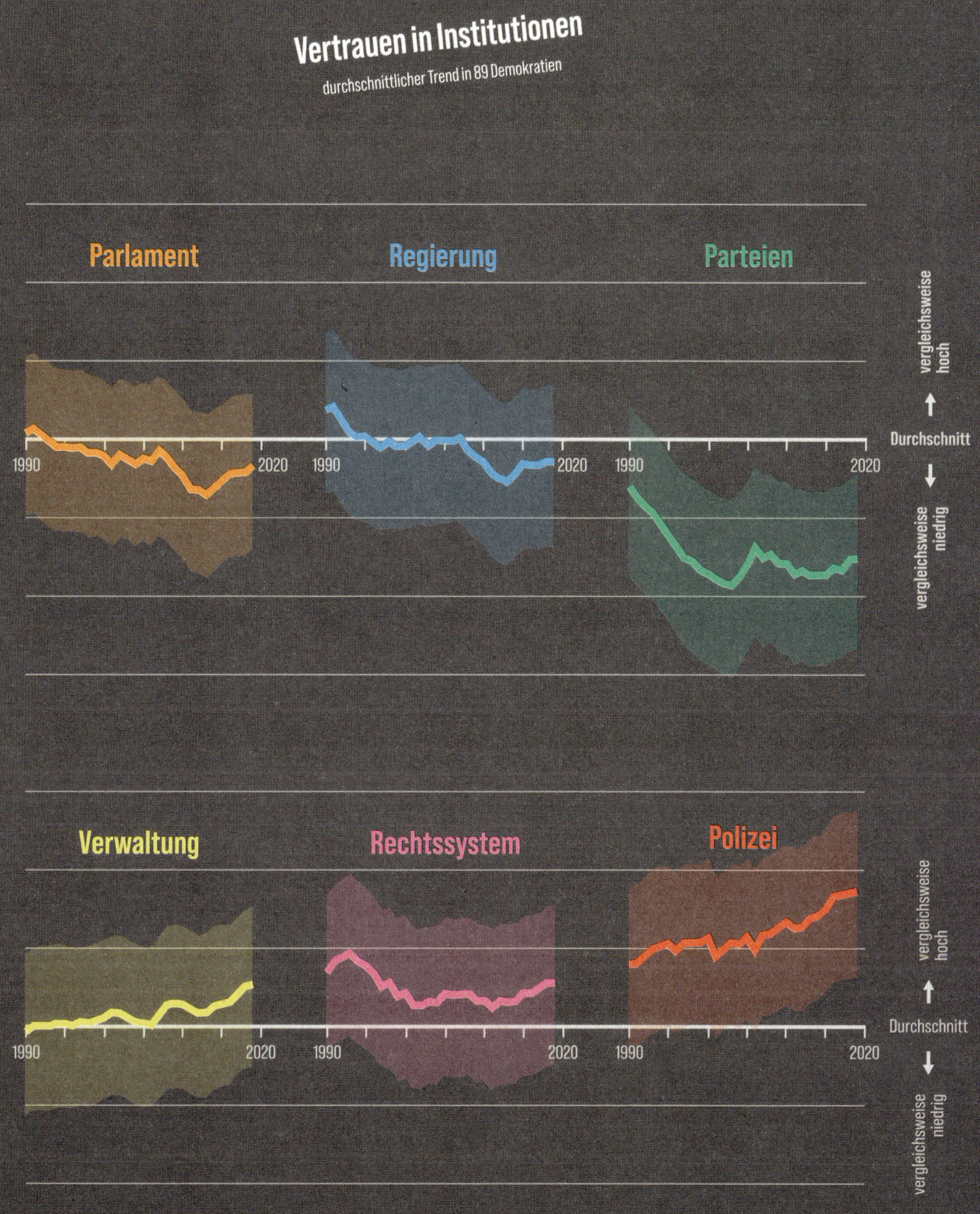

Vertrauen in Institutionen
durchschnittlicher Trend in 89 Demokratien
Parlament
Regierung
Parteien
Verwaltung
Rechtssystem
Polizei
1990
2020
vergleichsweise hoch
Durchschnitt
vergleichsweise niedrig

WAS HILFT WIRKLICH GEGEN RECHTSEXTREMISMUS?

Wir haben weltweit Hinweise zu dieser Frage gesucht und insgesamt 37 Studien gefunden. Hier kommen die ersten sieben davon. Alle 37 Studien findet ihr im Buch *Rechtsextremismus bekämpfen. Was sagt die Wissenschaft?*

1

Betriebsräte stärken die Akzeptanz von Demokratie

Pfeifer, Christian: Can worker codetermination stabilize democracies? Works councils and satisfaction with democracy in Germany, Leuphana Universität Lüneburg – Working Paper Series in Economics Nr. 420 (2023).

Betriebsräte stärken den Glauben an die Demokratie. Zu diesem Befund kommt Christian Pfeifer von der Universität Lüneburg. Wenn es in einem Unternehmen einen Betriebsrat gibt, sind die Mitarbeitenden zufriedener mit dem demokratischen System im Land. Der Wirtschaftswissenschaftler wertete Daten aus dem Jahr 2016 aus und fand heraus, dass Menschen in Betrieben mit Mitbestimmung das politische System leichter akzeptieren – unabhängig von anderen Faktoren wie Arbeitszufriedenheit oder Betriebsgröße. Besonders stark war der Effekt in Ostdeutschland. Seine Erklärung: Wer demokratische Prozesse am Arbeitsplatz erlebt, sieht auch die Demokratie insgesamt positiver. Mehr betriebliche Mitbestimmung könnte also gerade in Zeiten des zunehmenden Populismus einen Beitrag zur Stärkung der Demokratie leisten.

2

Gegenrede bringt wenig, positive Botschaften bringen mehr

Frischlich, Lena u. a. (Hg.): Videos gegen Extremismus? Counter-Narrative auf dem Prüfstand, Wiesbaden 2017.

Die Datenlage zur Wirksamkeit von sogenannten Gegenerzählungen ist noch sehr überschaubar. Im deutschsprachigen Raum etwa gibt es dazu ein Forschungsprojekt von Wissenschaftlern der Universität Köln. Sie untersuchten die Wirkung von 337 Onlinevideosequenzen unterschiedlicher Art gegen Rechtsextremismus und islamistischen Extremismus: informative Vorträge, aber auch unterhaltsame Formate wie aufwendige Filme oder Musikclips. Besonders einprägsam waren die Videos für die Befragten, wenn sie eine persönliche Geschichte transportierten, wie zum Beispiel Aussteigerberichte aus der Neonaziszene. In diesem Fall regten sie die Betrachter der Videos dazu an, über die eigene Position nachzudenken. Sehr wirksam waren auch jene Videos, die verständlich und klar formuliert waren und die Zuschauer direkt ansprachen.

Humorvolle oder satirische Beiträge wurden von den Teilnehmern als weniger zugänglich eingestuft oder sogar kritisch gesehen. Wenn die Videos der extremistischen Propaganda lediglich Fakten gegenüberstellten, war die Wirkung nicht so stark. Daher ist es wichtig, alternative Erzählungen hervorzuheben, die Demokratie und ein respektvolles Miteinander attraktiv machen und in den Vordergrund stellen. Kurz: weniger Gegenrede, mehr positive Botschaften.

3

Öffentliche Investitionen können populistische Parteien schwächen

Albanese, Giuseppe; Barone, Guglielmo; De Blasio, Guido: Populist voting and losers' discontent: Does redistribution matter?, in: European Economic Review 141 (2022).

Eine Studie der Ökonomen Giuseppe Albanese, Guglielmo Barone und Guido de Blasio zeigt, dass EU-Finanzhilfen die Stimmanteile populistischer Parteien reduzieren können. Betrachtet wurden die italienischen Parlamentswahlen 2013, wobei geförderte mit nichtgeförderten Regionen verglichen wurden. Die Forscher fanden heraus, dass Gemeinden, die aus dem EU-Kohäsionsfonds unterstützt wurden, seltener populistisch wählten. Konkret führte eine zusätzliche Förderung in Höhe von 0,7 Prozent des regionalen Bruttoinlandsprodukts zu einem Rückgang des Stimmenanteils von Populisten um etwa neun Prozent. Die Ergebnisse zeigen, dass EU-Gelder zwar populistische Tendenzen dämpfen, aber nicht zu einer generell positiveren Einstellung gegenüber der EU führen. Dies deutet darauf hin, dass die Mittel vor allem dazu bei tragen, die wirtschaftlichen Nachteile der betroffenen Regionen abzufedern, anstatt eine stärkere proeuropäische Haltung zu fördern. Interessanterweise hatte die finanzielle Unterstützung keinen Einfluss auf die Wahlergebnisse nichtpopulistischer Parteien – der Effekt beschränkte sich ausschließlich auf den Rückgang der Stimmen für Populisten.

4

Von Wallonien lernen

De Jonge, Léonie: The Curious Case of Belgium: Why is There no Right-Wing Populism in Wallonia?, in: Government and Opposition 56(4), S. 598-614 (2021).

Ein zentrales Element der erfolgreichen Anti-Extremismus-Strategie in Wallonien ist eine von den Parteien der Mitte und den Medien etablierte Brandmauer gegen Rechts. Die Parti Socialiste und französischsprachige Medien wie der öffentlich-rechtliche Sender RTBF haben seit jeher eine klare Haltung eingenommen: Rechtsradikale Parteien bekommen keinen Zugang zur politischen Bühne und keine mediale Aufmerksamkeit. Die Medien spielten dabei eine entscheidende Rolle. RTBF und andere Medien setzten klare Richtlinien, die extremistischen Akteur:innen den Zugang zu Debatten und Öffentlichkeit systematisch verwehrten. Rechtsradikale Parteien blieben somit unsichtbar – sowohl im Alltagsdiskurs als auch während des Wahlkampfes. Die Ergebnisse der Studie zeigen: Nicht nur das Vorhandensein einer Brandmauer ist entscheidend, sondern auch deren konsequente Umsetzung.

In Wallonien wurde frühzeitig darauf geachtet, populistisch radikalen Akteur:innen und Angeboten keinen Raum zu geben. Auch in Flandern war zunächst versucht worden, den Vlaams Blok, den Vorgänger des Vlaams Belang, eine separatistische, europaskeptische Partei, zu isolieren. Das Projekt wurde jedoch aufgegeben. Das Ergebnis? Rechtsradikale Parteien erzielten beachtliche Wahlerfolge. Der Vlaams Belang erreichte 2024 bei den Wahlen zum flämischen Regionalparlament 22,7 Prozent der Stimmen, während die rechtsextreme Partei Chez Nous im selben Jahr bei den wallonischen Parlamentswahlen nicht über 2,8 Prozent kam.

5

Rechtsextreme Kanäle von Youtube zu entfernen wirkt

Rauchfleisch, Adrian; Kaiser, Jonas: An analysis of YouTube and BitChute, in: Information, Communication & Society 27 (7), 2024, S. 1478-1496.

Die Studie untersucht, wie das Entfernen rechtsextremer Kanäle von der Videoplattform Youtube, das sogenannte Deplatforming, deren Reichweite beeinflusst. Als Beispiele wurden bekannte Fälle wie Alex Jones, James Allsup und Red Ice TV analysiert. Entscheidend war, ob die nach der Entfernung auf die alternative Videostreamingplattform BitChute umgezogenen Kanäle ihre Reichweite beibehalten oder sogar ausbauen konnten. BitChute gilt in rechtsextremen Kreisen als wichtiger Kanal für Nutzer:innen, die von Mainstream-Diensten verbannt wurde. Die Ergebnisse zeigen, dass die Kanäle auf BitChute nur einen kleinen Teil ihrer früheren Reichweite zurückerlangen konnten. So hatte Alex Jones, der Gründer des rechtsextremen Verschwörungsmediums Infowars, vor der Löschung im August 2018 auf Youtube über 2,4 Millionen Abonnent:innen – auf BitChute zählte er im Juni 2021 nur noch 125.000. Nach dem Deplatforming gab es zwar einen kurzfristigen Anstieg der Aufrufe auf BitChute, doch bei zwei der drei größten Kanäle war dieser Effekt nur von kurzer Dauer. Keiner der Kanäle erreichte dauerhaft die hohen Aufrufzahlen, die sie auf Youtube hatten.

6

Wütende Männer behandeln

Roose, Josh: Countering Right-Wing Extremism in Australia: Key Challenges and the Role of Masculinity, in: Counter Terrorist Trends and Analyses 16(3), S. 7-12 (2024).

Das Internationale Zentrum für politische Gewalt und Terrorismusforschung hat nun mögliche staatliche Strategien zur Bekämpfung des Rechtsextremismus in Australien vorgestellt – insbesondere im Zusammenhang mit hypermaskulinen Bewegungen. Der Weg scheint klar: Es reicht nicht, extremistisches Gedankengut zu verurteilen – vielmehr müssen alternative Vorstellungen von Männlichkeit entwickelt werden und an Schulen und anderen staatlichen Einrichtungen etabliert werden.

Diese alternativen Konzepte sollen ein Männerbild vermitteln, das auf gesellschaftlicher Verantwortung, Gemeinschaft und konstruktiver Selbstbehauptung basiert. Die Studie fordert einen ganzheitlichen Ansatz vom Staat: Neben Wirtschaftsreformen und sozialen Dienstleistungen sind auch Bildungs- und Beschäftigungsprogramme notwendig, um jene zu erreichen, die besonders anfällig für radikale Botschaften sind. Ein erneuertes Verständnis von Staatsbürgertum – das junge Menschen zu sozialem Engagement motiviert – soll zudem ihre Widerstandskraft gegenüber Opfererzählungen stärken.

7

Wirtschaftliche Ungleichheit fördert Rechtsextremismus

Schnepf, Julia: Economic inequality as an opportunity structure for the success of right-wing populist parties in Western Europe, in: Politische Psychologie 2, S. 138-151 (2019).

Julia Schnepf von der Universität Koblenz-Landau hat die Bedeutung wirtschaftlicher Ungleichheit für den Erfolg rechtspopulistischer Parteien untersucht. Dafür analysierte sie Umfragedaten aus acht europäischen Ländern. Die Ergebnisse: Ein starkes wirtschaftliches Ungleichgewicht geht mit einer höheren Wahlbereitschaft für rechtspopulistische Parteien einher – und zwar nicht nur bei Personen mit niedrigem Einkommen, sondern auch bei jenen mit mittlerem und hohem Einkommen.

Offenbar erhöht die persönlich empfundene wirtschaftliche Ungleichheit das Gefühl von Benachteiligung gegenüber anderen, nicht nur in niedrigen Einkommensschichten. Für zahlreiche Protestwähler:innen ist die Unterstützung rechtspopulistischer Parteien möglicherweise weniger eine Entscheidung aus Überzeugung als vielmehr ein Weg, um mit dem Gefühl der Benachteiligung umzugehen und ein deutliches Signal an die etablierten politischen Kräfte zu senden.

Trock'ne Zahlen

Eine Umdrehung eines Windrades*

produziert Strom für eine dieser Aktivitäten:

15 km E-Auto fahren

240 km E-Scooter fahren

2 Waschmaschinenläufe

60 Toasternutzungen

24 Stunden fernsehen

50 Stunden Pornos auf dem Handy gucken

160 Smartphones aufladen

240 Stunden Licht brennen lassen

800 elektrische Zahnbürsten aufladen

Quelle: eigene Berechnung

*große Anlage an Land (≈5 MW) – ca. 2,4 kWh je Umdrehung

Wohnungsmangel in den USA

Anteil fehlender Wohnungen am Gesamtbestand, in Prozent, nach Counties, Stand Juni 2025

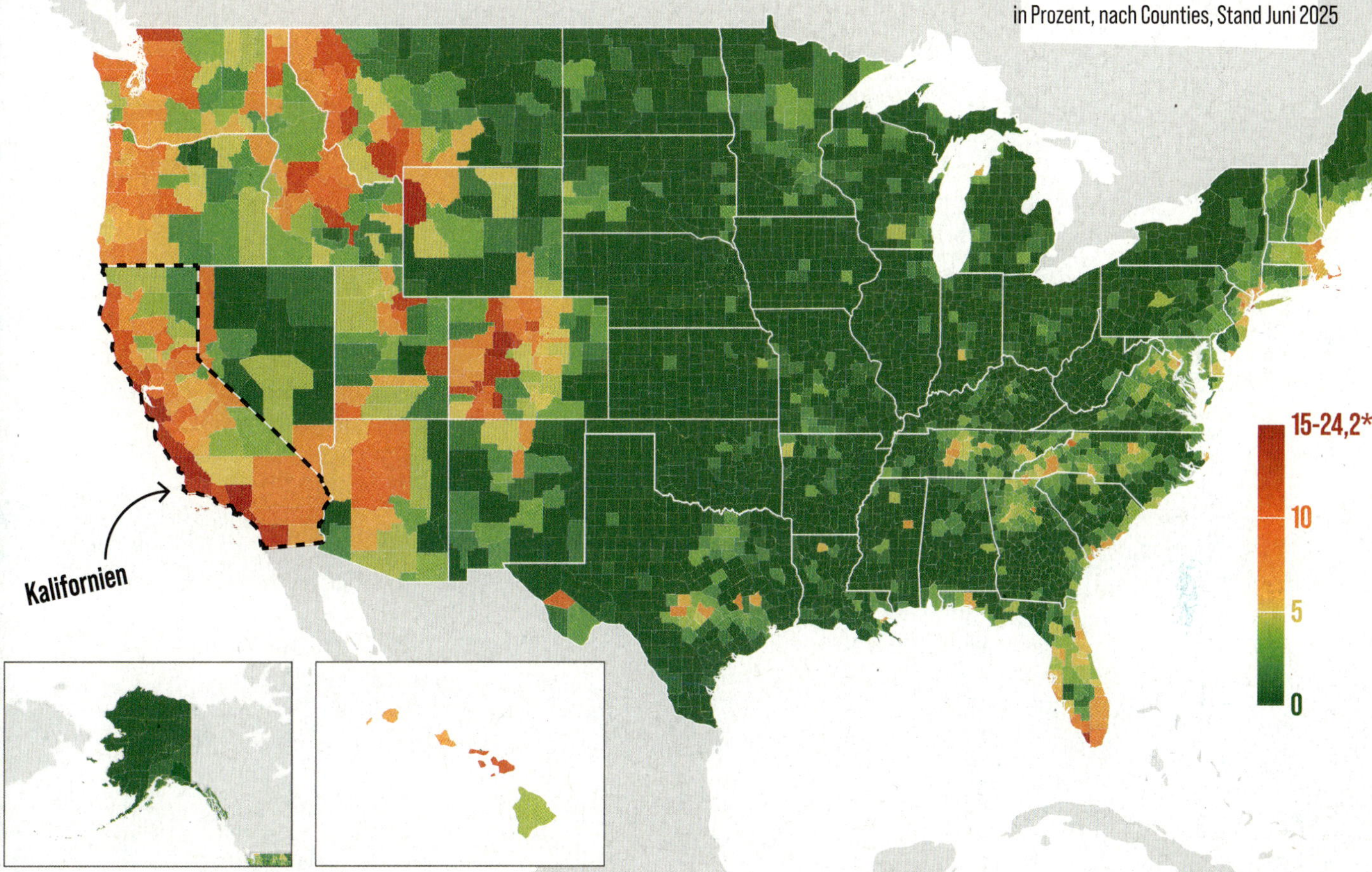

WOHNUNGSMARKT

In den USA fehlen sechs Millionen Wohnungen

In den Vereinigten Staaten gibt es nicht genügend Wohnraum. Laut dem AEI Housing Center fehlen rund sechs Millionen Wohnungen. Besonders angespannt ist die Lage im Bundesstaat Hawaii, wo es bei einem Gesamtbestand von 572.000 an 80.000 Einheiten mangelt. In absoluten Zahlen liegt Kalifornien vorn: In dem (bevölkerungs)reichsten Bundesstaat fehlen etwa 1,4 Millionen Wohnungen. Hauptursachen sind strenge Bauvorschriften, langwierige Genehmigungsverfahren und Widerstand der Ortsansässigen gegen neue Projekte.

Deshalb sind in den letzten 30 Jahren über drei Millionen Kalifornier in Nachbarstaaten wie Arizona, Nevada oder Oregon gezogen – und haben den Wohnungsmangel unfreiwillig mitgenommen. Der plötzliche Zuzug in die Nachbarstaaten ließ die Nachfrage dort steigen, doch der Neubau hielt nicht Schritt. Die Folge: 600.000 Wohnungen zu wenig und höhere Mietpreise. Das Housing Center empfiehlt als Lösung kleinere Grundstücke, den Umbau von Einfamilien- zu Reihenhäusern und die Schaffung von mehr Wohnraum in alten Gewerbegebieten – und das alles ohne viel Bürokratie.

*Counties mit einem Mangel von mehr als 15 Prozent erscheinen ebenfalls im dunkelsten Rotton: Eagle (CO), Santa Clara (CA), Los Angeles (CA), Santa Cruz (CA), San Mateo (CA), San Juan (WA), New York (NY), Bronx (NY), San Francisco (CA), Marin (CA), Maui (HI), Kings (NY), Dukes (MA), Nantucket (MA), Pitkin (CO), Teton (WY)

VERHALTENSFORSCHUNG

Zoos lassen Tiere neugieriger werden

Zoos sind bei vielen Menschen beliebt, stehen aus Tierschutzgründen aber immer wieder in der Kritik – wie der Zoo Nürnberg, der diesen Sommer zwölf Paviane aus Platzmangel töten ließ. Laut einer neuen Studie kann das Leben im Zoo aber die tierische Neugier fördern. Die Forschenden verglichen das sogenannte explorative Objektmanipulationsverhalten von wildlebenden und in Zoos gehaltenen Sumatra-Orang-Utans miteinander. Dieses aktive Untersuchen und Manipulieren von Gegenständen steht im Zusammenhang mit bestimmten kognitiven Fähigkeiten – zum Beispiel damit, wie gut Tiere Probleme lösen oder neue Ideen entwickeln können.

Die Orang-Utans im Zoo untersuchten sehr viel häufiger Gegenstände als ihre wildlebenden Artgenossen – vermutlich, weil sie weniger Zeit für Nahrungssuche oder Wachsamkeit aufwenden müssen. Auch waren ihre Erkundungshandlungen und die dabei eingesetzten Körperteile vielfältiger – selbst bei Gegenständen, die in beiden Umgebungen verfügbar waren. Die Zoobewohner beschäftigten sich zudem häufiger mit mehreren Objekten gleichzeitig und setzten öfter Werkzeuge ein als die Orang-Utans in der Wildnis. Hinsichtlich des Alters, in dem bestimmte Erkundungshandlungen erstmals auftraten, gab es jedoch keinen Unterschied zwischen den Gruppen. Auch die Dauer der einzelnen Erkundungen war ähnlich.

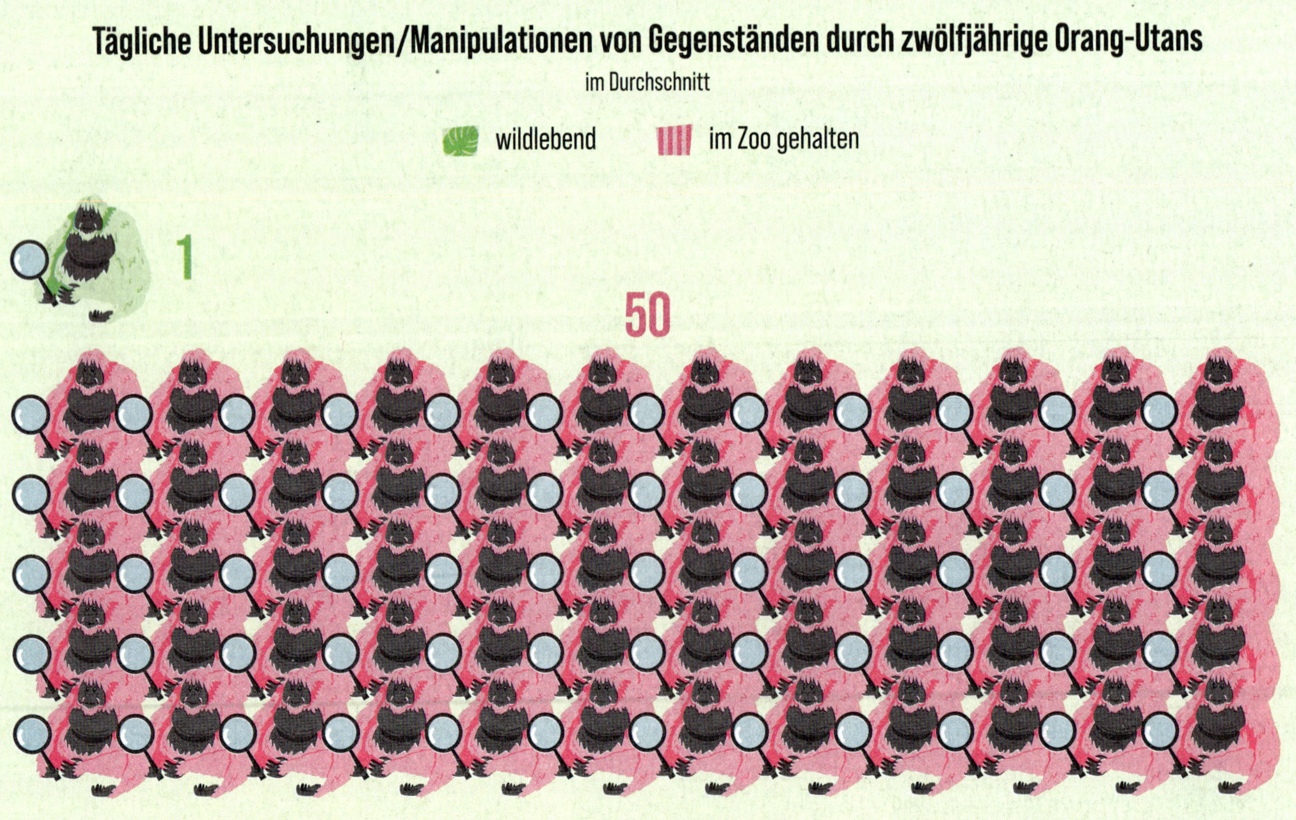

SEEFAHRT WIE IN DER STEINZEIT

Mit 5 km/h durch die stärkste Strömung der Welt

Vor 35.000 bis 30.000 Jahren wagten sich Menschen offenbar durch eine der gefährlichsten Meeresströmungen der Welt: den Kuroshio östlich von Taiwan. Erstaunlich ist, dass sie dabei bis zu den japanischen Ryūkyū-Inseln vordringen konnten – trotz minimaler Sicht und einfacher Mittel. Wie genau ihnen das gelang, war lange unklar. Deshalb unternahm eine japanische Forschungsgruppe 2019 einen waghalsigen Selbstversuch. Die wissenschaftliche Aufbereitung und Veröffentlichung der Ergebnisse erfolgten mit deutlicher Verzögerung. Erst im Juni 2025 wurde das Experiment mit neuen, handfesten Erkenntnissen zu prähistorischen Seefahrten beschrieben. Wie wurde vor sechs Jahren vorgegangen?

Mit einem Einbaum – einem aus einem ausgehöhlten Baumstamm gefertigten Boot –, gebaut mithilfe steinzeitlicher Werkzeuge, paddelte ein fünfköpfiges Team von einem taiwanischen Fischereihafen aus ins offene Meer, ohne GPS oder Motor. Orientierung boten nur Sterne, Wellen und der Horizont.

Das Experiment gelang: Nach zwei schlaflosen Nächten auf rauer See, erschöpft und durchgeschüttelt von Strömung und Wellen, erreichte die Besatzung nach 225 Kilometern und rund 45 Stunden die Insel Yonaguni – das entspricht einer Durchschnittsgeschwindigkeit von fünf Kilometern pro Stunde.

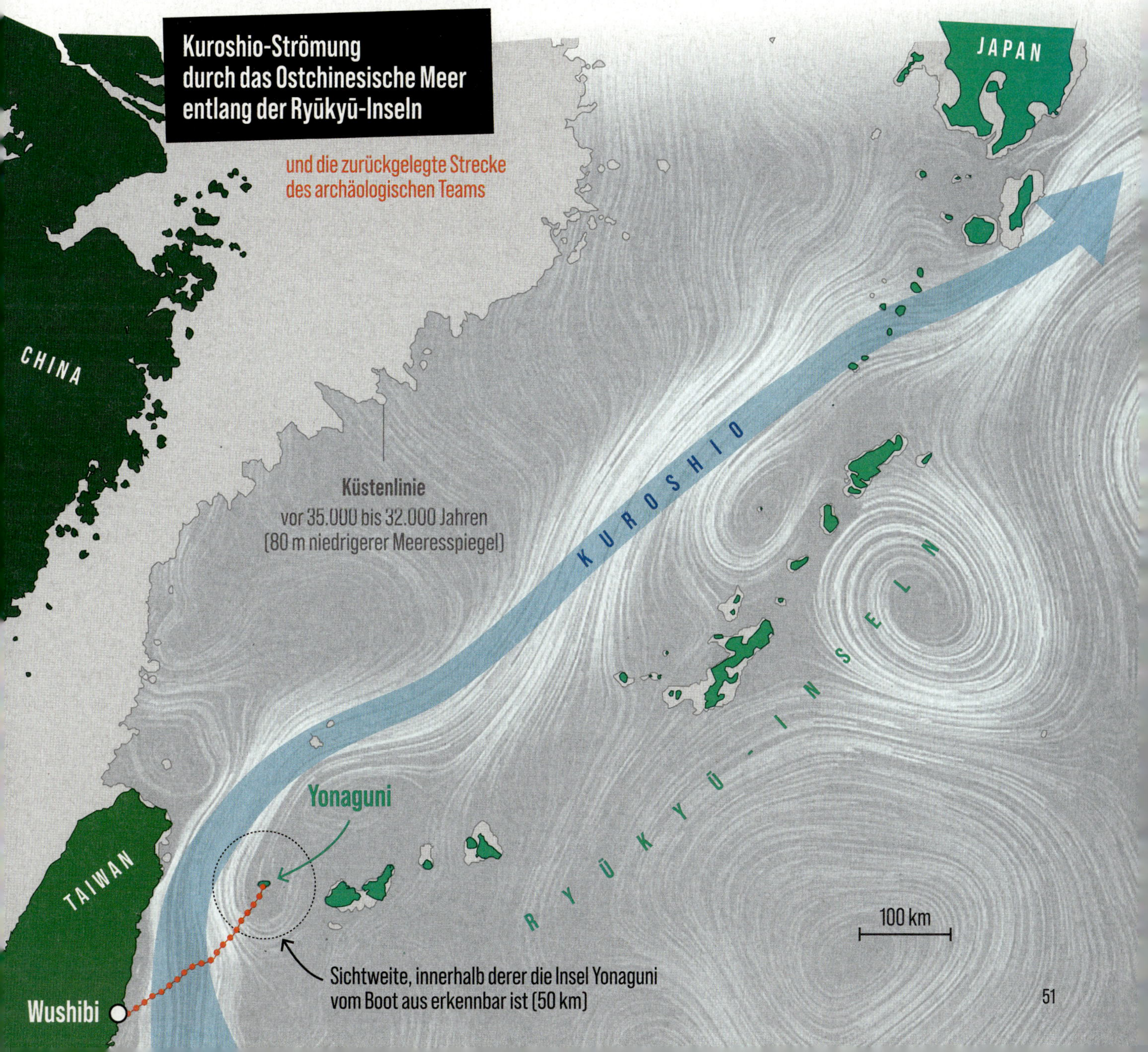

STATISTIK

Armut bedeutet nicht nur fehlendes Geld

95 Prozent der Menschen in ärmeren Ländern leben unter Bedingungen, die grundlegende Standards für ein menschenwürdiges Leben verletzen. Mindestens einer von zehn zentralen Lebensbereichen – etwa sauberes Wasser, angemessener Wohnraum oder medizinische Versorgung – wird nicht abgedeckt. Bei fast zwei Dritteln fehlen gleich mehrere dieser Bausteine.

Ein Team aus Sozialwissenschaftlern, Entwicklungsforschern und Ökonomen analysierte Daten von über 4,7 Millionen Haushalten in 75 Ländern im Zeitraum 1990 bis 2021, wobei die zehn Lebensbereiche regional abgefragt wurden. Ergebnis: Wer in einem Bereich benachteiligt ist, lebt meist auch in anderen unter schlechten Bedingungen – Armut ist somit vielschichtig und verfestigt. Und den Forschenden zufolge sind weit mehr Menschen betroffen, als klassische Armutsstatistiken nahelegen. Sie fordern daher, den Fokus nicht nur auf das Einkommen zu legen, sondern Armut umfassender zu betrachten.

Anteil der Haushalte pro Region, die mindestens 7 der folgenden Lebensstandards erfüllen:

in Prozent

1. ausreichend Wohnraum (max. 3 Personen pro Raum)
2. isoliertes Haus mit Strom
3. genug Nahrung, keine Unterernährung bei Frauen und Kindern im Haushalt
4. saubere Kochmöglichkeiten & Kühlschrank
5. sicheres Trinkwasser in Wohnnähe
6. eigene Toilette mit hygienischer Entsorgung
7. erreichbare medizinische Versorgung
8. Zugang zu Schulen (mind. 75 % der Kinder im Schulalter)
9. mind. ein Kommunikationsmittel (z.B. Handy)
10. mind. ein Fortbewegungsmittel (z.B. Fahrrad)

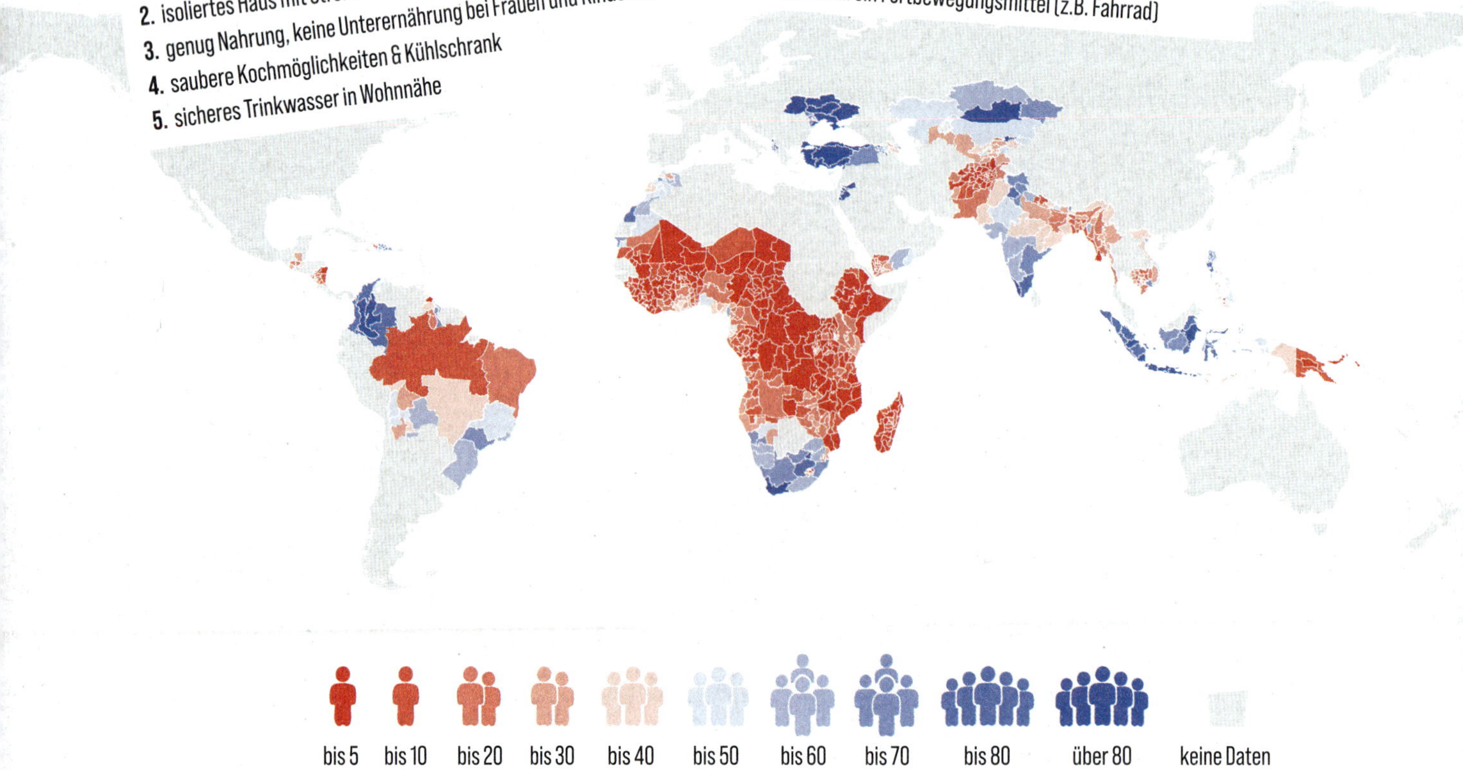

Trock'ne Zahlen

Anteil der Deutschen, für den
die Bundesliga ein bedeutender Lebensinhalt ist

41 Prozent

Anteil der Deutschen, für den
die Kirche ein bedeutender Lebensinhalt ist

12 Prozent

Quelle: McKinsey & Company

KONZERNMACHT

Vom Buchhändler zum Giganten: Wie Amazon die Welt verschluckt

Was als ambitioniertes Garagenprojekt begann, ist heute ein globaler Machtfaktor mit Milliardenumsatz und fragwürdigen Steuerpraktiken. 1994 gründete Jeff Bezos Amazon als Onlinebuchhandlung, die in den vergangenen 30 Jahren zum „Laden für alles" wurde. Ein Ende der Expansion ist nicht in Sicht.

VON **JETTE SCHRAMM**

Seattle, Juli 1994. Jeff Bezos kündigt seinen gut bezahlten Job als Vizepräsident einer New Yorker Investmentbank, zieht mit seiner Frau in den Westen der USA und gründet ein Unternehmen in seiner neuen Garage. Der Plan: Bücher im Internet verkaufen. Der Name Amazon – angelehnt an den Amazonas, den wasserreichsten Fluss der Welt – steht sinnbildlich für das Streben nach Größe: eine riesige Produktauswahl und das erklärte Ziel, eines der weltweit führenden Unternehmen zu werden.

Der erste verkaufte Titel ist kein Bestseller, sondern ein Fachbuch: *Fluid Concepts and Creative Analogies* von Douglas Hofstadter. Es folgt ein beispielloser Siegeszug – zuerst in den USA, dann weltweit. Schon kurz nach der Gründung liefert Amazon in alle 50 US-Bundesstaaten und in über 40 Länder. Nach nur drei Jahren geht das Unternehmen an die Börse.[1]

Mehr als Handel: Die technologische Machtergreifung

Amazon bleibt nicht lange Buchhändler. Schon bald gehören Musik-CDs, Filme, Software und später auch Elektronik, Kleidung und Spielzeug zum Sortiment. Mit der Einführung des *Marketplace* im Jahr 2002 wandelt sich Amazon zunehmend von einem klassischen Onlinehändler zu einer Handelsplattform, die Drittanbietern technische und logistische Infrastruktur zur Verfügung stellt[2] – eine Art digitales Einkaufszentrum.

2005 startet Amazon Prime. Kostenloser Versand wie auch Streamingdienste wie Prime Video und Prime Music verankern die Marke im Alltag ihrer Nutzer. Es entsteht eine Datenmaschinerie, die das Nutzerverhalten mit jedem Klick auf der Website analysiert: was gekauft, geschaut und gehört wird – alles fließt zurück ins System.[3] Die Kunden selbst geben wichtige Hinweise zu ihrem Kaufverhalten, die nur noch ausgewertet werden müssen. 2006 wird Amazon Web Services (AWS) eingeführt, ein Infrastrukturdienst für Rechenleistungen, Speicher und andere IT-Ressourcen – heute eines der profitabelsten Standbeine des Unternehmens.[4] Die Cloud-Infrastruktur versorgt mittlerweile Millionen von Webseiten, Apps und Firmen.

(1) Krinner, Martin: Vom Garagen-Start zum Weltkonzern, auf: deutschlandfunk.de (16.7.2025).

(2) Holistic (Hg.): Die Geschichte von Amazon: Vom Buchhändler zum globalen E-Commerce-Giganten, auf: holistic.capital (12.8.2024).

(3) Arte (Hg.): Amazon, die Welt des Jeff Bezos, ab Min. 14:05, auf: arte.tv (15.6.2025).

(4) Holistic 2024.

(5) Arte 2025, ab Min. 15:47.

Jeff Bezos

Amazon-Gründer und viertreichster Mensch der Welt

Vermögen:
243 Milliarden US-Dollar (Stand September 2025)

„Wer Daten besitzt und sammelt, wer Zugang zu den Daten und die Rechte daran hat, ist der König. Alles steht und fällt mit den Daten", erklärt Robert Frederick, früher leitender Manager bei AWS, in einem Interview. Aus Information wird Angebot, aus Angebot wird Marktmacht. Damit setzt Amazon neue Maßstäbe und vergrößert seinen Einfluss im E-Commerce-Sektor. Der Fokus liegt vor allem zu Beginn darauf, Konkurrenten aus dem Markt zu drängen. Dafür werden auch jahrelange Verluste in Kauf genommen, wenn so der eigene Marktanteil ausgebaut werden kann.[5] Amazon investiert stetig in die Entwicklung von Technologie und Logistik, um die Effizienz zu steigern und Dienstleistungen ständig zu verbessern: robotergesteuerte Lager, KI zur Optimierung von Lieferketten sowie eigene Lieferdienste wie Amazon Flex und Amazon Air.

Globale Präsenz, lokale Konzentration

Amazon ist heute ein global agierender Konzern – doch der Großteil des Umsatzes entfällt

Wie viel Prozent der Menschen haben in den vergangenen zwölf Monaten bei Amazon Bücher gekauft?

Umfrage 2022

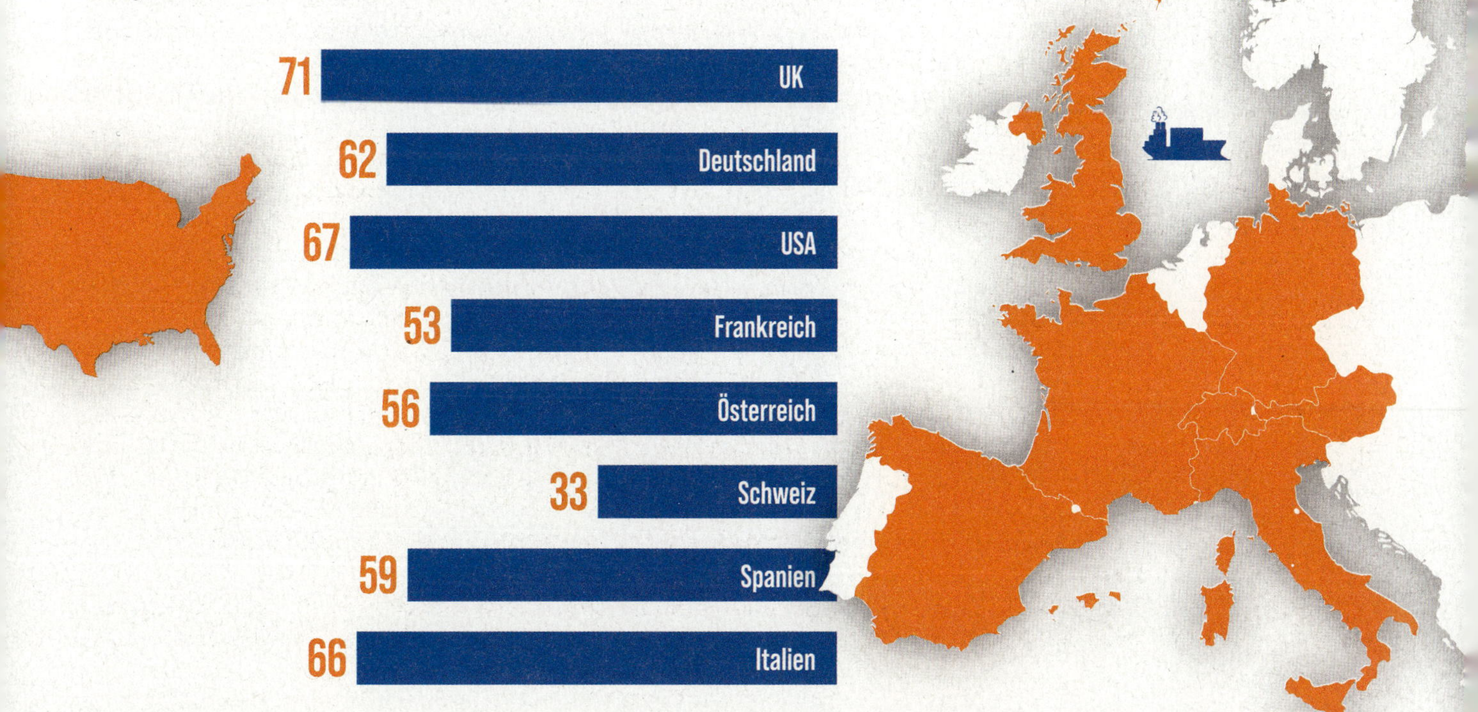

Amazons weltweite Expansion

In **Deutschland** verkaufen mittlerweile über 45.000 kleine und mittlere Unternehmen über Amazon

eigener Amazon-„Marktplatz" und Jahr der Einführung,
d.h. eigene Website, angepasste Sprache und Währung, Drittanbieter-Plattform sowie eigene Logistik

wird über Nachbarländer bedient

Kunden bestellen über andere nationale Amazon-Websites
(Bezahlung meist per Kreditkarte; Versand dauert oft länger; höhere Versandkosten und Zollgebühren)

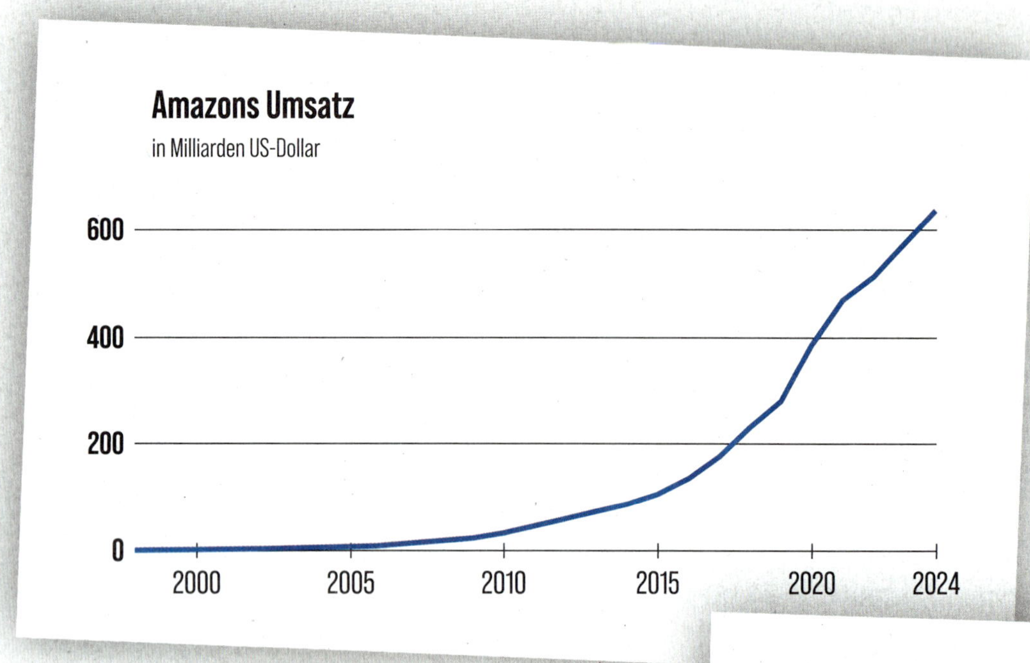

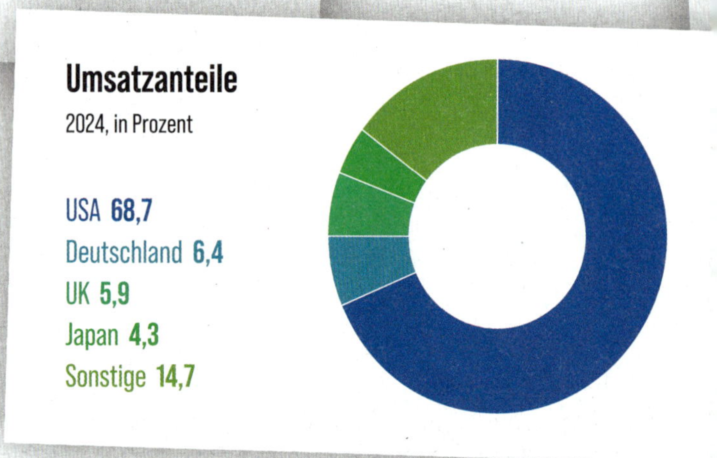

(6) Amazon (Hg.): 2024 Amazon Annual Report, S. 67, auf: s2.q4cdn.com (6.2.2025).

(7) Donovan, Ben: Amazon Launches in Ireland as Expansion Strategy Evolves, auf: marketplacepulse.com (20.3.2025).

(8) Amazon (Hg.): Amazon in Germany: Investing in permanent jobs, the German economy and society, auf: aboutamazon.eu (3.12.2024).

auf nur wenige Länder. Der mit Abstand wichtigste Markt bleiben die USA: Hier erwirtschaftete Amazon im Jahr 2024 rund 375 Milliarden Euro Nettoumsatz, was etwa 69 Prozent des weltweiten Gesamtumsatzes entspricht. Deutschland folgt als zweitgrößter Absatzmarkt mit einem Jahresumsatz von 35 Milliarden Euro, das entspricht 6,4 Prozent des weltweiten Umsatzes. Auf Platz drei liegt das Vereinigte Königreich mit 32 Milliarden, gefolgt von Japan mit 23 Milliarden Euro.

Rund 80 Prozent des Umsatzes werden also in nur vier Märkten erwirtschaftet. Der gesamte „Rest der Welt“? Trägt zusammen gerade mal ein Fünftel zum Gesamtumsatz bei.[6] In Afrika ist Amazon erst seit 2021 aktiv, zunächst mit einem Markteintritt in Ägypten, 2024 folgte dann Südafrika. Für die kommenden Jahre sind weitere Markteintritte geplant, unter anderem in Nigeria, dem bevölkerungsreichsten Land Afrikas. Auch in Lateinamerika ist Amazon bislang nur vereinzelt vertreten – und das, obwohl die Region zu den am schnellsten wachsenden E-Commerce-Märkten der Welt gehört. Der größte Markt ist Brasilien, wo Amazon bereits seit mehreren Jahren aktiv ist. Weitere Markteintritte sind in Chile und Kolumbien in Planung.[7]

> ”Laut Europäischem Parlament entgeht der EU jährlich eine Billion Euro an Steuern“

Genaue Umsatzberichte sind jedoch weder für Südamerika noch für Afrika öffentlich verfügbar. Trotz der weltweiten Präsenz bleibt Amazon wirtschaftlich stark auf die großen Industrieländer fokussiert.

Legale Steuerhinterziehung?

2024 erwirtschaftete Amazon in Deutschland einen Nettoumsatz von rund 35 Milliarden Euro. Die letzten offiziellen Zahlen zu Steuerzahlungen stammen von 2023: Da waren es bei einem Gesamtumsatz von rund 490 Milliarden Euro

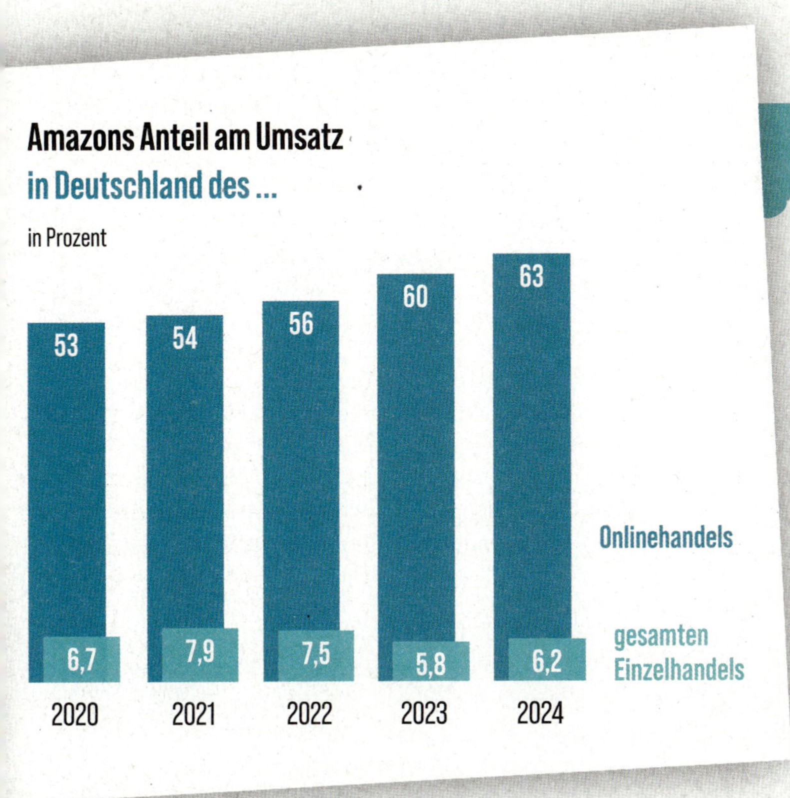

gerade mal 692 Millionen Euro direkte Unternehmenssteuern[8] – das sind 0,14 Prozent.

In Deutschland unterliegt Amazon (wie alle Kapitalgesellschaften) grundsätzlich der Körperschaftsteuer von 15 Prozent und der Gewerbesteuer von mindestens 7 Prozent, allerdings beziehen sich diese nicht auf den Umsatz, sondern auf den Gewinn.[9] Und diesen weist Amazon in Deutschland regelmäßig als sehr gering oder sogar als Verlust aus. Das sorgt für Irritation, vor allem bei einem Unternehmen, das milliardenschwer ist. Handelt es sich dabei um eine geschickte Steuerstrategie oder ein systematisch ausgenutztes Schlupfloch?

Beides! Und die Antwort liegt in Luxemburg. Dort betreibt Amazon Tochtergesellschaften, an die Markenrechte, Patente und geistiges Eigentum ausgelagert werden. Deutsche Einnahmen werden so in Form von Lizenzgebühren ins Großherzogtum verschoben, wo sie kaum besteuert werden. Das Verfahren ist zwar legal, aber hoch umstritten. Der Konzern nutzt konzerninterne Verrechnungen mit einem Ziel: Gewinnverlagerung, Steuervermeidung, Profitmaximierung.[10]

Und Amazon ist nicht allein. Auch Google, Meta oder Apple agieren mit ähnlichen Modellen. Nach Schätzungen des Europäischen Parlaments entgeht den EU-Staaten jährlich eine Billion Euro durch solche Konstruktionen.[11]

Steuerpolitik im Visier

Zwei zentrale Regelungen des internationalen Steuerrechts sind Doppelbesteuerungsabkommen (DBA) und das Steueroasen-Abwehr-Gesetz (StAbwG). DBA sind Verträge, die regeln, welches Land welche Einkünfte besteuern darf, um zu verhindern, dass dasselbe Einkommen doppelt besteuert wird.[12] Gleichzeitig soll damit auch die doppelte Nichtbesteuerung begrenzt werden. Das StAbwG soll Steuervermeidung verhindern, indem Geschäftsbeziehungen zu Ländern auf der EU-Liste nichtkooperativer Steuergebiete mit Nachteilen belegt werden – zum Beispiel durch Abzugsverbote. Das heißt: Zahlungen an Unternehmen in solchen Ländern dürfen in Deutschland nicht als Betriebsausgaben abgezogen werden. Länder wie Luxemburg oder auch Irland sind dort jedoch nicht aufgelistet – Amazons Steuertricks entziehen sich damit dem Gesetz.

Auf globaler Ebene versucht die Organisation für wirtschaftliche Zusammenarbeit und Entwicklung (OECD), diesem Problem mit dem

(9) Gründerplattform (Hg.): Was ist die Gewerbesteuer?, auf: gruenderplattform.de.

(10) Giakoulas, Dimitris; Gemenis, Kostas; Daskalakis, Nikolaos: Profit shifting and tax avoidance: Evidence from US Multinational Enterprises, in: The Journal of Economics and Politics 29(1), S. 2 (2025).

(11) Troost, Axel: EU: Steuerflucht als Geschäftsmodell, in: Blätter für deutsche und internationale Politik 12/2013, S. 13-16, hier: S. 13.

(12) Bundesministerium der Finanzen (Hg.): Glossar: Doppelbesteuerungsabkommen (DBA), auf: bundesfinanzministerium.de.

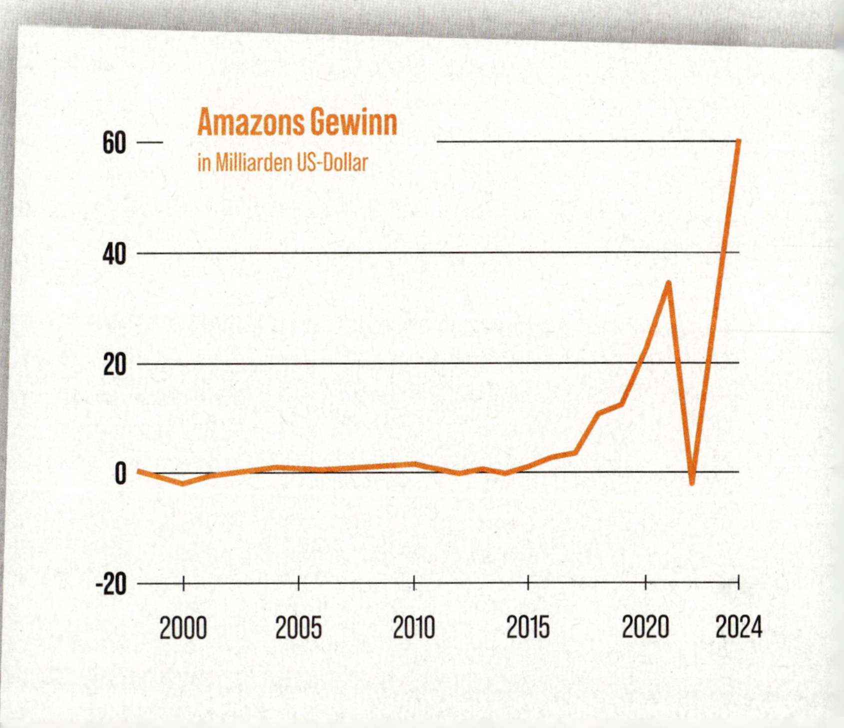

(13) OECD (Hg.): Base erosion and profit shifting (BEPS), auf: oecd.org.

(14) Troost 2013, S. 16.

(15) Ebd., S. 15.

(16) Bach, Stefan: Steuerreform: Notwendige Anpassungen vorgenommen, der große Wurf blieb aus, in: Vierteljahrshefte zur Wirtschaftsforschung 77(1), S. 65-89, hier: S. 85 (3.10.2017).

(17) Amazon (Hg.): Der Climate Pledge, auf: aboutamazon.de (14.9.2022).

(18) Green Journal (Hg.): Amazon: Urwald-Kartons, dubiose Siegel & zerstörte Neuwaren, auf: greenjournal.greenpeace.at (28.8.2024).

(19) Stewart, Heather: Amazon accused of using 'union-busting' tactics at Midlands warehouses, auf: theguardian.com (8.2.2024).

(20) DPA (Hg.): Amazon-Gründer Jeff Bezos übergibt Chefposten an Andy Jassy, auf: dvz.de (2.7.2021).

(21) Blue Origin (Hg.): About Blue Origin, auf: blueorigin.com.

”

Amazon steht für Effizienz, Expansionskraft und Innovation, aber auch für Machtkonzentration, Steuervermeidung und Imagepflege ohne Substanz

“

sogenannten BEPS-Projekt („Base Erosion and Profit Shifting“) entgegenzuwirken.[13] Ein Schritt in Richtung mehr Fairness: Steuervermeidung verhindern und Gewinne dort besteuern, wo sie tatsächlich erwirtschaftet werden. Ende 2023 beschlossen mehr als 145 Staaten eine globale Mindestbesteuerung von 15 Prozent für umsatzstarke Unternehmen, die nun schrittweise eingeführt werden soll. Im Unterschied zur Körperschaftsteuer wird hier nicht nur das einzelne Unternehmen, sondern die gesamte Konzernbilanz als Grundlage genommen. Das soll dafür sorgen, dass Großkonzerne wie Amazon auch in Ländern mit bisher niedriger Steuerlast einen fairen Steueranteil zahlen müssen – unabhängig davon, wo sie ihren rechtlichen Sitz haben. Vereinfacht gesagt bedeutet das: Wenn die Hälfte der Wertschöpfung eines Konzerns in Deutschland stattfindet, soll auch die Hälfte des Gesamtgewinns dort versteuert werden.[14] Kleinere Unternehmen bleiben allerdings außen vor.

Auch Nichtregierungsorganisationen fordern stärkere Sanktionen gegen Steueroasen und schlagen eine „schwarze Liste“ mit Ländern vor, die als Steueroasen gelten. Alle Transaktionen in oder aus diesen Ländern sollen dann mit Sonderabgaben belegt und neue Zollschranken eingeführt werden.[15] Ob das reicht, bleibt vorerst offen. Der politische Prozess verläuft schleppend – blockiert von Lobbyinteressen, nationalen Egoismen und der schieren Komplexität multinationaler Konzerne.[16]

Zwischen Versprechen und Kritik

Jeff Bezos steht heute nicht mehr an der operativen Spitze von Amazon, zählt aber weiterhin zu den reichsten Menschen der Welt. Ein Teil seiner ursprünglichen Zielsetzung ist mittlerweile verwirklicht. Amazon ist nicht nur Marktplatz, Logistikriese und Techkonzern. Das Unternehmen ist längst auch zu einem Symbol dafür geworden, wie viel Verantwortung ein globaler Konzern tragen sollte – und steht deswegen häufig in der Kritik. Amazon präsentiert sich seit Jahren als Vorreiter in Sachen Nachhaltigkeit mit Initiativen wie dem „Climate Pledge“ und öffentlichkeitswirksamen Ankündigungen zu Solar- und Windenergie. Nach eigenen Angaben will das Unternehmen bis 2040 klimaneutral wirtschaften.[17]

Doch für konkrete Fortschritte fehlen oftmals Belege, etwa bei recycelbaren Plastikverpackungen. Das „Climate Pledge Friendly“-Gütesiegel kennzeichnet auf der Amazon-Homepage Produkte, „die in Sachen Nachhaltigkeit in mindestens einer Hinsicht verbessert wurden“. Auch hier verrät Amazon nicht, welche das genau sind. Die Produkte müssen zudem über eine Zertifizierung verfügen. Allerdings werden viele der verwendeten Zertifikate kritisiert, da sie oft niedrige Anforderungen stellen oder zu eng mit der Industrie verbunden sind. So akzeptiert Amazon beispielsweise auch die umstrittenen Siegel der Rainforest Alliance und das FSC-Gütezeichen. Hinzu kommt die massenhafte Vernichtung von Neuware. Zwar beschloss die EU 2023 ein Vernichtungsverbot für neuwertige Kleidung und Schuhe, das greift aber nicht für alle anderen Konsumgüter.[18]

Auch im sozialen Bereich setzt Amazon auf gezielte Imagepflege: Während der Konzern sich als verantwortungsvoller Arbeitgeber und sozial engagiertes Unternehmen darstellt, berichten Beschäftigte weiterhin von schlechten Arbeitsbedingungen und hohem Leistungsdruck. So kam es in den letzten Jahren wiederholt zu Streiks, und Amazon wird vorgeworfen, gewerkschaftliche Aktivitäten zu behindern.[19]

Im Juli 2021 trat Bezos als Geschäftsführer zurück, um mehr Zeit für andere Projekte zu haben,[20] wie beispielsweise sein Raumfahrtunternehmen Blue Origin. Dies hatte er bereits im Jahr 2000 gegründet mit dem Ziel, den Zugang zum Weltraum zu kommerzialisieren. Er träumt von einer Industrialisierung des Alls: „Millionen Menschen werden im Weltall leben und arbeiten, mit einem einzigen Ziel: der Wiederherstellung und Erhaltung der Erde, unseres blauen Ursprungs.“[21]

Was in einer Garage begann, ist heute ein Unternehmen, das Lieferketten, Datenströme und Märkte kontrolliert – und dabei oft schneller agiert, als Staaten reagieren können. Amazon steht für Effizienz, Expansionskraft und Innovation, aber auch für Machtkonzentration, Steuervermeidung und Imagepflege ohne Substanz. Aus dem „Everything Store“ ist ein Monopolnetzwerk geworden, das weitreichende Kontrolle über Handel, Logistik und digitale Infrastruktur ausübt. Fast nichts entzieht sich inzwischen dem Einfluss von Jeff Bezos' Konzern. Amazon ist so auch ein Symbol für die Macht digitaler Infrastrukturen.

JETTE SCHRAMM
KATAPULT

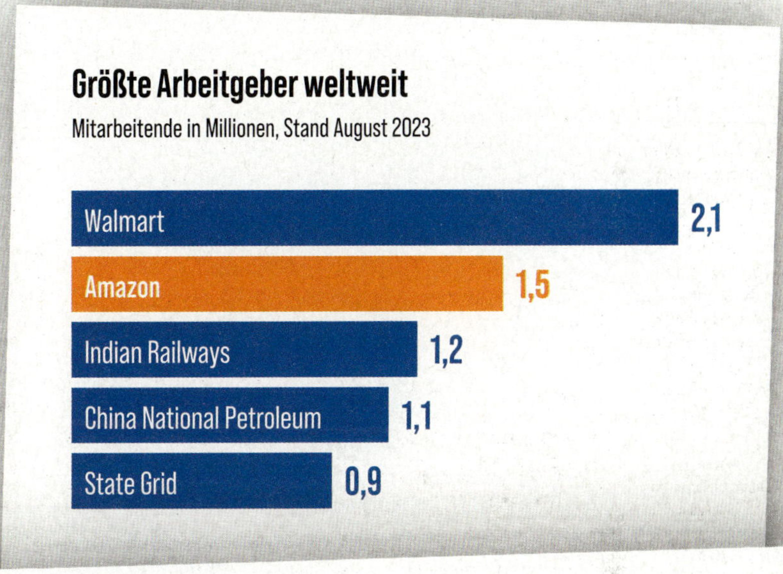

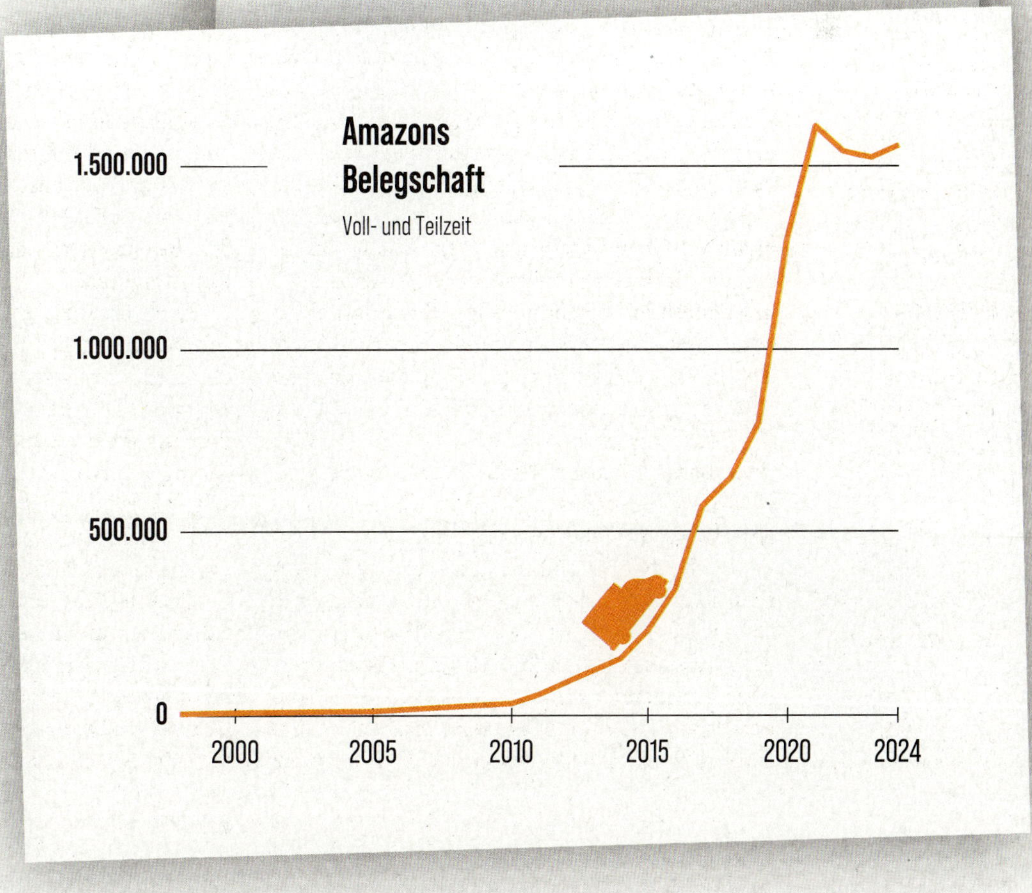

Wie oft passt Deutschland in ...?

beachtet wird nur die Landfläche

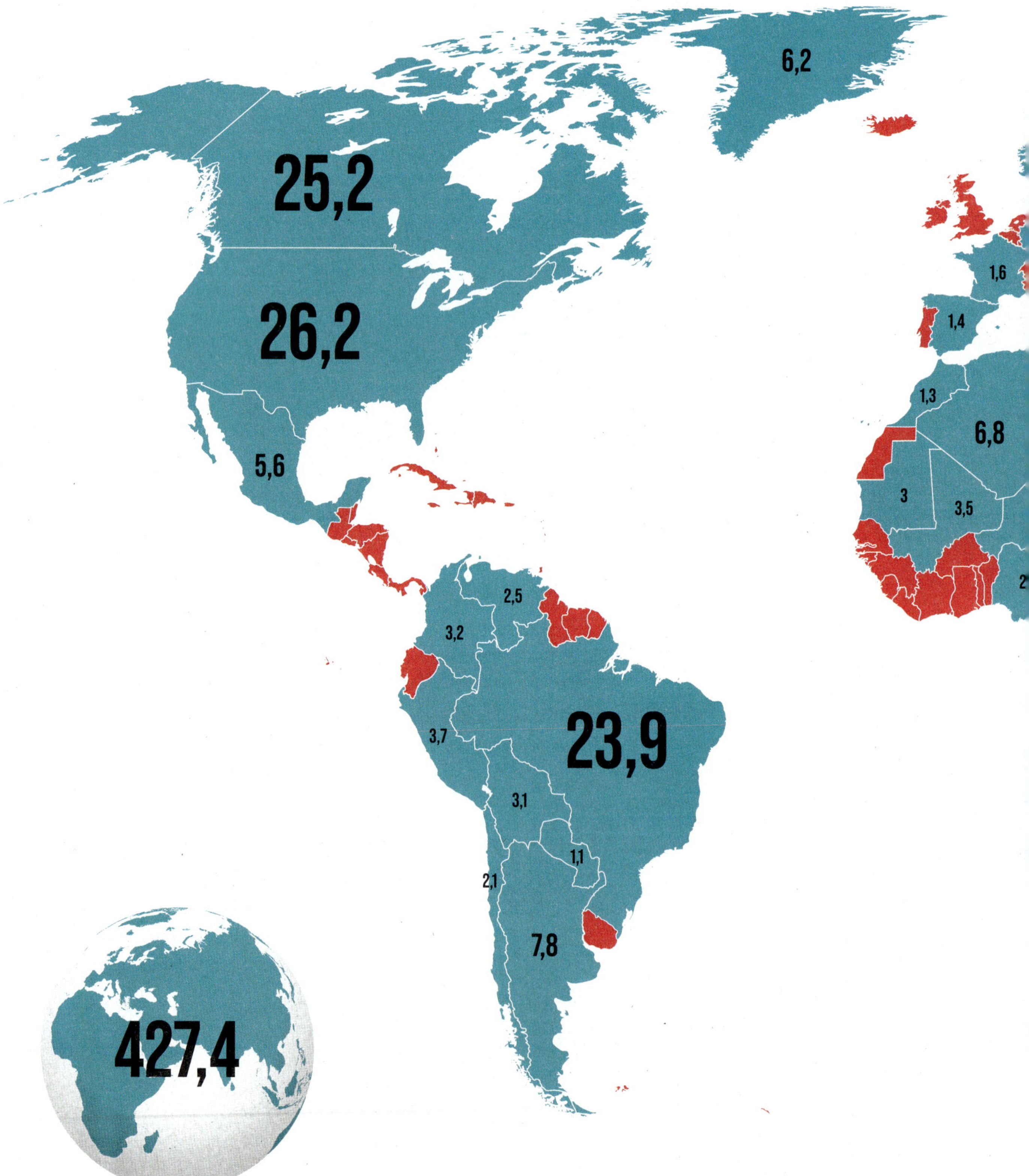

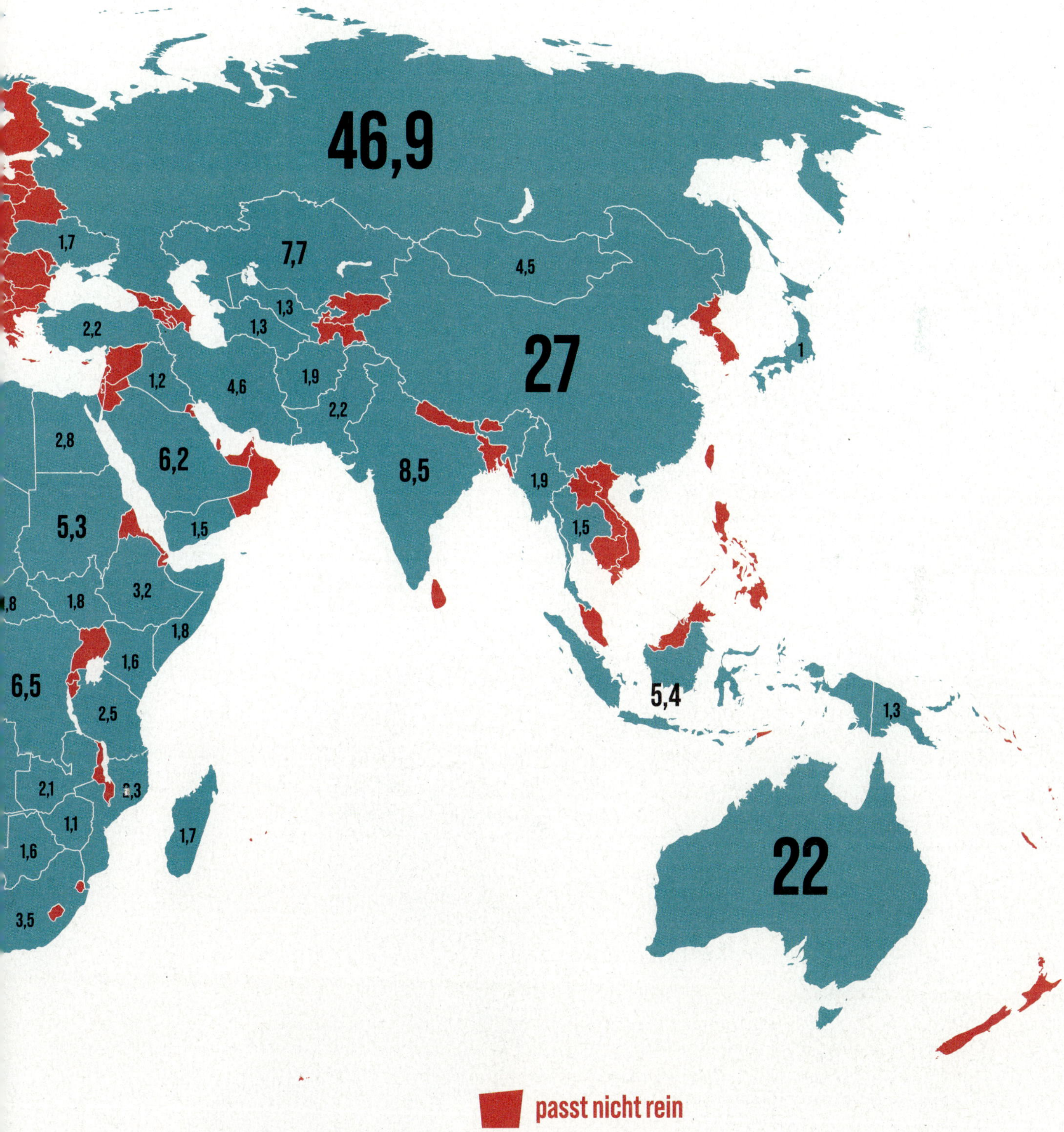
46,9
1,7
7,7
4,5
1,3
1,3
2,2
27
1
1,2
4,6
1,9
2,2
2,8
6,2
8,5
1,9
5,3
1,5
1,5
1,8
3,2
1,8
1,6
6,5
5,4
2,5
1,3
2,1
1,1
1,7
1,6
22
3,5
passt nicht rein

13 Karten über Löhne

Frauen verdienen weniger, und das hat System

In Deutschland betrug der sogenannte Gender-Pay-Gap 2024 rund 16 Prozent. Frauen verdienen im Schnitt pro Stunde also deutlich weniger als Männer. In Ostdeutschland ist die Lücke kleiner, dort verdienen Frauen 5 Prozent weniger, während es im Westen 17 Prozent sind. Das liegt unter anderem daran, dass ostdeutsche Frauen häufiger einer Vollzeitbeschäftigung nachgehen und selbst mit Kindern seltener in Teilzeit arbeiten.

In der Tat ist die unter Frauen verbreitetere Teilzeitarbeit eine Haupterklärung für die Gehaltslücke. Häufig ist dieser Unterschied das Ergebnis verfestigter Rollenbilder und eines Systems, in dem Care-Arbeit und Kindererziehung immer noch zum größten Teil von Frauen bewältigt werden. Institutionelle Rahmenbedingungen verstärken das: Durch das Ehegattensplitting lohnt es sich beispielsweise oft nicht, wenn die Partnerin Vollzeit arbeitet, und Minijobs ermöglichen zwar Flexibilität und einen Zuverdienst, behindern aber langfristig eher einen Wiedereinstieg ins geregelte Berufsleben.

Ein weiterer Grund für die Verdienstlücke: Frauen sind häufiger in schlechter bezahlten Berufen, beispielsweise im Erziehungs- und im Pflegesektor, tätig. Solange sich diese Strukturen nicht verändern, setzt sich die Ungleichheit bis in die Rente fort – dort ist der Abstand zwischen Frauen und Männern sogar noch größer. Doch selbst, wenn der Gender-Pay-Gap bereinigt wird, sprich, wenn man den Verdienst von Männern und Frauen mit vergleichbaren Qualifikationen, Berufen und Lebensläufen vergleicht, fällt auf: Männer verdienen immer noch sechs Prozent mehr als ihre Kolleginnen.

Dass es auch anders geht, zeigt Luxemburg: Es ist das einzige europäische Land, in dem der Gender-Pay-Gap zugunsten der Frauen ausfällt. Das lässt sich vor allem durch das höhere Bildungsniveau von Frauen und ihre starke Präsenz in gut bezahlten Branchen erklären.

Gender-Pay-Gap 2024

weniger Bruttolohn für Frauen, in Prozent

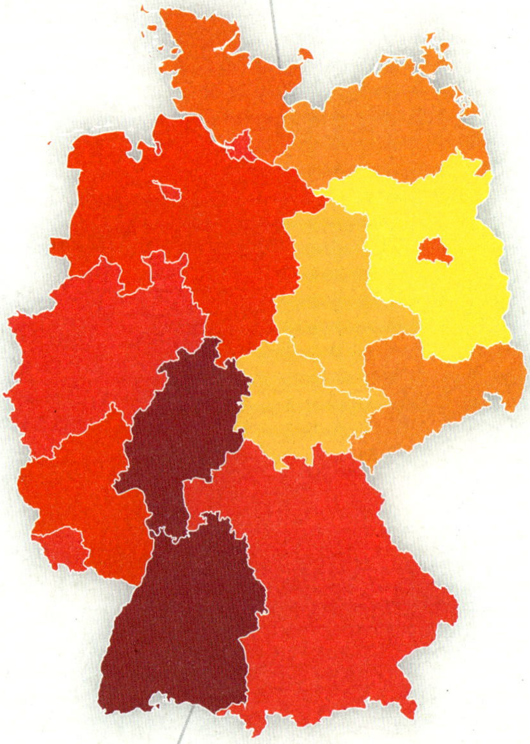

Rentenlücke 2023*

weniger Rente für Frauen, in Prozent

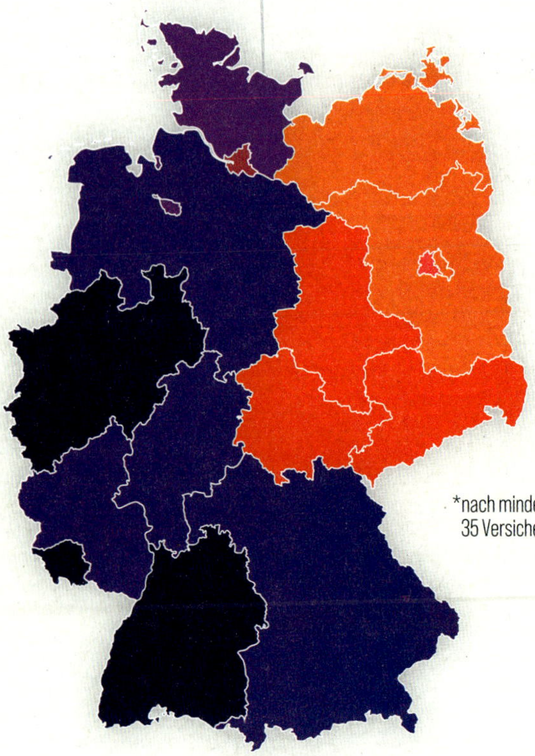

*nach mindestens 35 Versicherungsjahren

Benachteiligung von Frauen

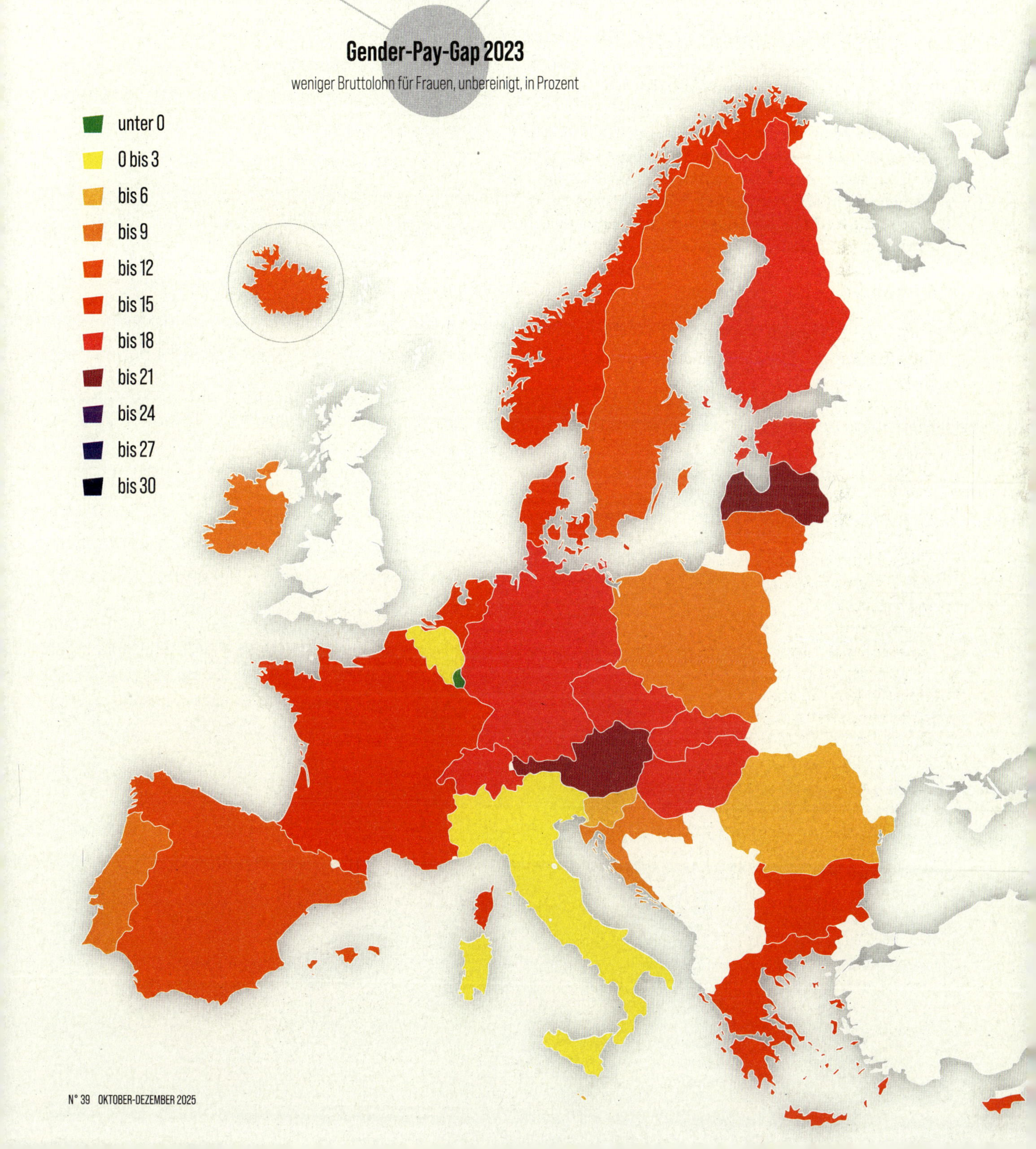

Reallöhne in Europa – Kaufkraft vor allem im Süden und Osten gestiegen

Die letzten Jahre waren durch allgemeine Preissteigerungen geprägt, doch die Löhne wurden häufig nicht angepasst. Erst 2024 konnten Gewerkschaften in Europa wieder spürbare Tariferhöhungen durchsetzen. Trotzdem lagen die realen Tariflöhne im europäischen Durchschnitt noch immer unter dem Niveau von 2020. Das heißt: Trotz steigender Einkommen haben die Löhne die hohe Inflation seit der Pandemie nicht aufgeholt – mit einer Ausnahme: Portugal. Dort stieg der Tariflohn um 6,7 Prozent im Vergleich zu 2020.

Entscheidend für die Kaufkraft ist der Reallohn, also der tatsächliche Lohn inklusive Leistungen, die nicht im Tarifvertrag vorgesehen sind, wie beispielsweise ein Firmenwagen oder Bonuszahlungen. Prognosen zufolge wird der Reallohn in Europa 2025 im Schnitt um 0,5 Prozent unter dem Niveau von 2021 liegen. Vor allem in nordischen Ländern sind die Verbraucherpreise stärker gestiegen als die Verdienste. Das liegt vor allem an der schwachen Wirtschaftslage und der hohen Arbeitslosenrate.

Eine Reallohnsteigerung gab es vor allem in süd- und osteuropäischen Ländern, wie Portugal, Kroatien oder Rumänien. Grund dafür ist laut einer Analyse der Europäischen Kommission ein Fachkräftemangel. Denn: Wenn Fachkräfte knapp sind, steigt der Druck auf Arbeitgeber, attraktivere Löhne zu zahlen.

Hier liegen die realen Tariflöhne unter dem Niveau vor Corona, hier darüber

Veränderung des Reallohns von 2020 zu 2024, in Prozent, ausgewählte Länder

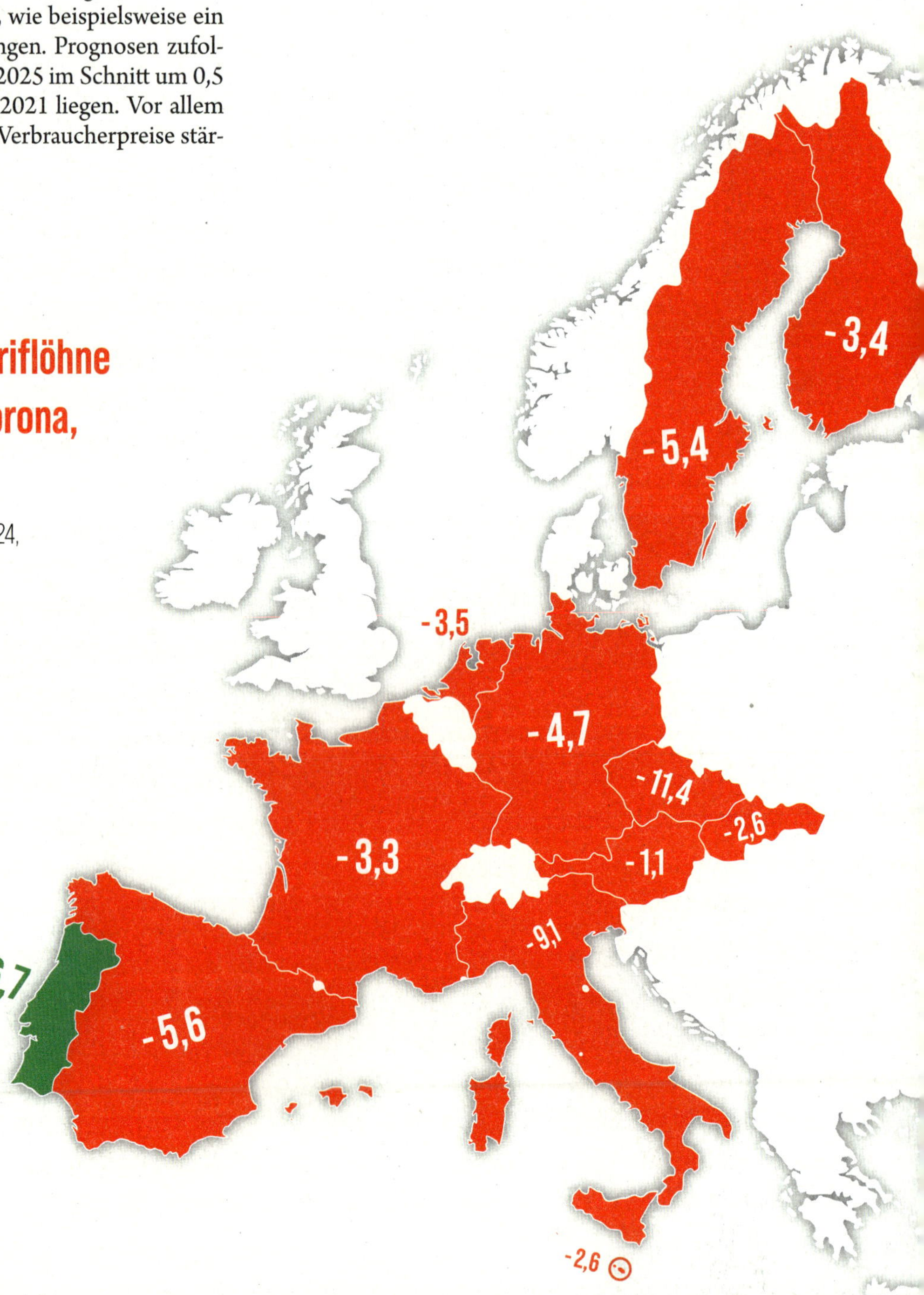

Mindestlöhne: Osteuropas Aufholjagd

Seit 2023 steigt der Mindestlohn im europäischen Durchschnitt stetig an. Grund dafür ist die Umsetzung der Europäischen Mindestlohnrichtlinie, die den Referenzwert für angemessene Mindestlöhne auf 50 Prozent des Durchschnittslohns oder 60 Prozent des Medianlohns festlegt. In Osteuropa sind die Mindestlöhne seit 2015 deutlich stärker gestiegen als in Westeuropa. Ein Grund ist das niedrige Ausgangsniveau: Selbst kräftige Zuwächse ließen die Löhne dort lange Zeit nur langsam an die westlichen Standards heranrücken.

Bezieht man die Lebenshaltungskosten mit ein, rücken die Mindestlöhne in der EU sogar noch enger zusammen. In westeuropäischen Ländern fällt der Mindestlohn kaufkraftbereinigt tendenziell niedriger aus, während der Mindestlohn in Ländern wie Polen, Spanien und Slowenien – angepasst an die Lebenshaltungskosten – deutlich höher ist, als es der nominale Wert vermuten lässt.

Trotz der Angleichungen beim realen Mindestlohn bestehen innerhalb der EU weiterhin große Unterschiede. Vor allem in vielen osteuropäischen EU-Ländern liegt der Mindestlohn noch immer unter fünf Euro pro Stunde – selbst an die Lebenshaltungskosten angepasst, bleiben diese Länder dann weit hinter den westeuropäischen Standards zurück.

Anstieg des Mindestlohns von 2015 bis 2025

in Prozent, kaufkraftbereinigt

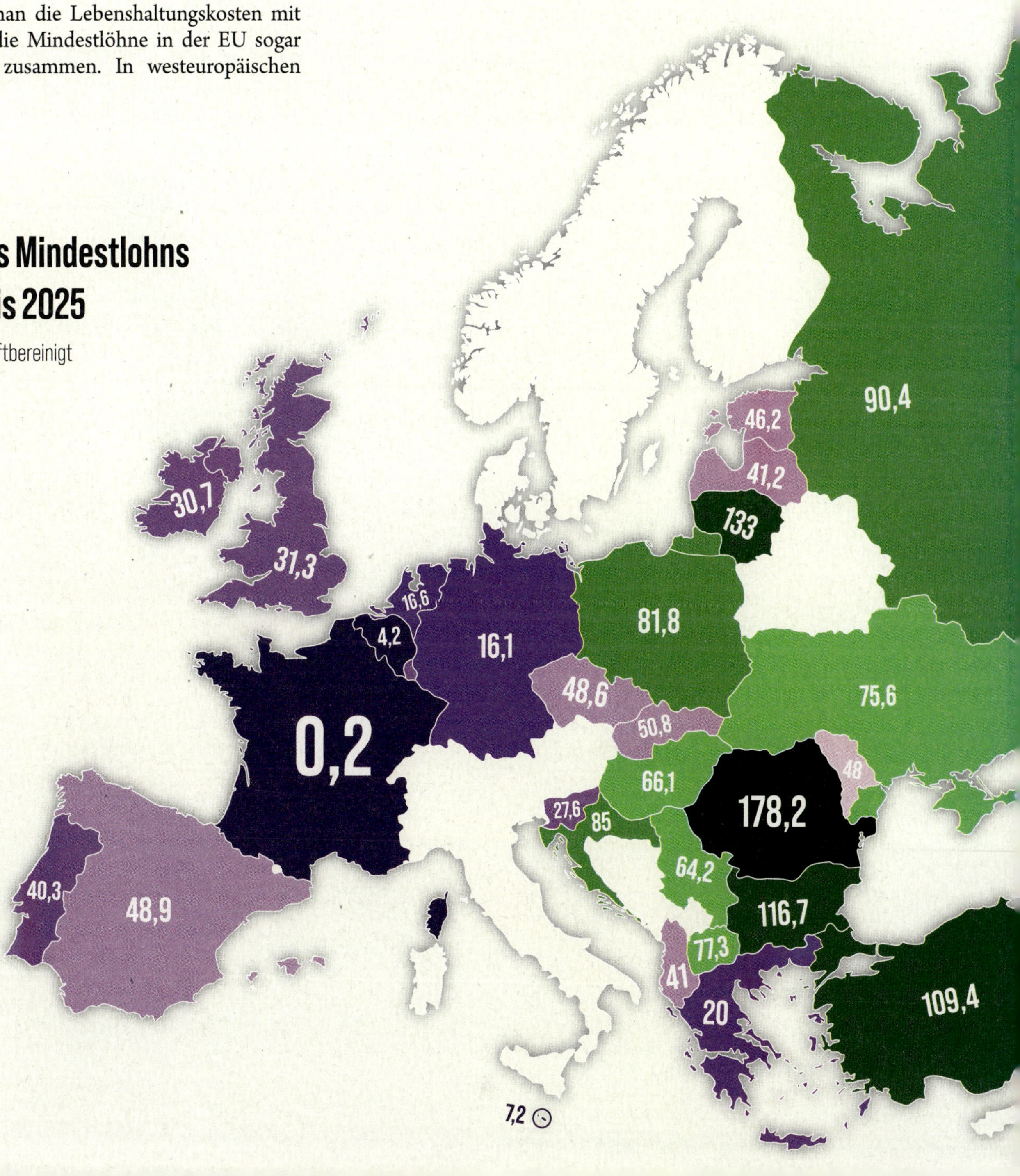

Geringverdiener in Europa – Portugal überrascht

2022 war in der Europäischen Union fast jede siebte beschäftigte Person geringverdienend: Das Einkommen lag bei höchstens zwei Dritteln des Medianlohns. Besonders häufig betroffen sind Frauen und junge Menschen – ein Viertel der Geringverdiener ist unter 30 Jahre alt. Auch der Bildungsstand spielt eine große Rolle: Mit höherer Qualifikation sinkt das Risiko, zu den Geringverdienern zu gehören, deutlich.

Spitzenreiter im europäischen Vergleich ist Portugal. Dort zählen nur knapp zwei Prozent der Beschäftigten zu den Geringverdienern – obwohl das Land lange Zeit als das ungleichste in Westeuropa galt. Doch über Jahre hinweg haben politische Reformen die Einkommensungleichheit spürbar verringert. Dazu gehören ein besserer Zugang zu Bildung, starke Tarifverträge und institutionelle Veränderungen, die Beschäftigte langfristig besser absichern. Auch der Mindestlohn wurde kräftig angehoben – mit Auswirkungen auf die Lohnverteilung insgesamt.

In Frankreich zeigt sich ein ähnlicher Effekt: Der dortige Mindestlohn liegt vergleichsweise hoch und schützt viele Beschäftigte vor Niedriglöhnen. Länder mit traditionell starken Tarifverträgen, die deshalb auf einen gesetzlichen Mindestlohn verzichtet haben, stehen ebenfalls besser da. Dazu zählen Schweden, Dänemark oder Italien.

Die Beispiele zeigen: Wo es starke Institutionen gibt – sei es durch Mindestlohn oder Tarifbindung –, sind Geringverdiener besser geschützt und die Einkommensunterschiede kleiner.

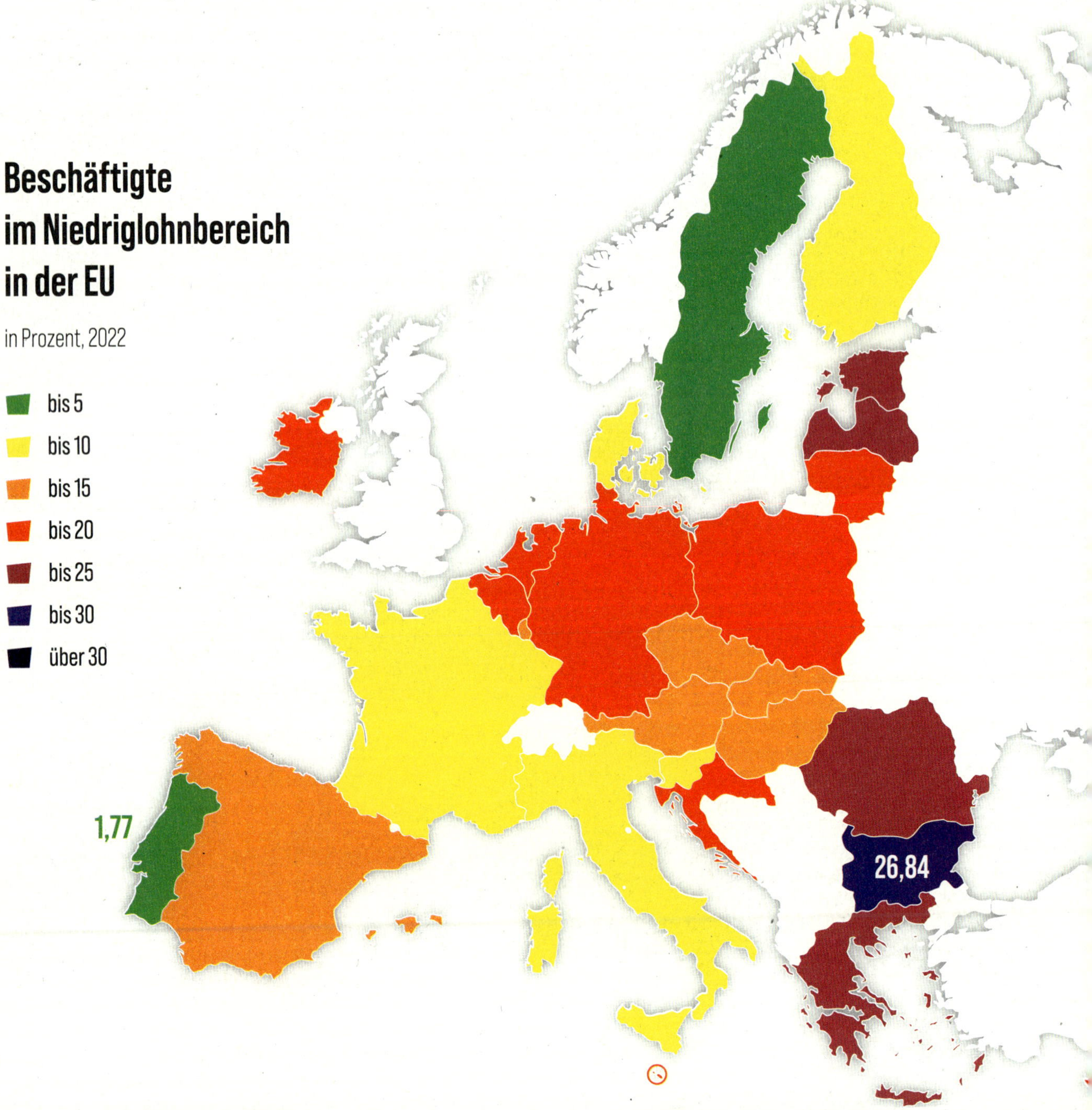

Beschäftigte im Niedriglohnbereich in Deutschland

Anteil von Vollzeitbeschäftigten, in Prozent, 2024, bundeseinheitliche Niedriglohnschwelle **(2.676 € brutto)**

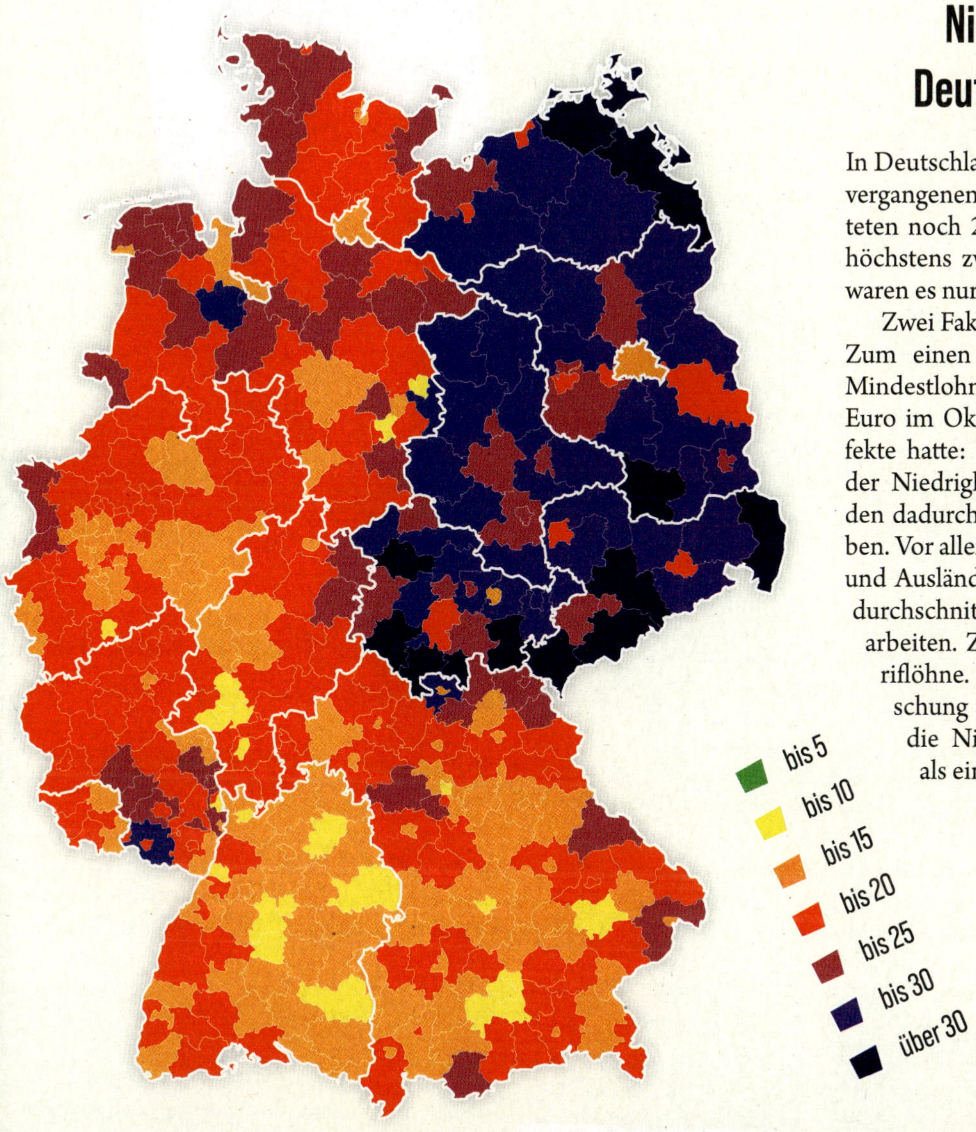

Niedriglohnquote in Deutschland schrumpft

In Deutschland ist der Niedriglohnsektor in den vergangenen Jahren geschrumpft. 2017 arbeiteten noch 22,3 Prozent aller Beschäftigten für höchstens zwei Drittel des Medianlohns, 2022 waren es nur noch 19 Prozent.

Zwei Faktoren waren dafür ausschlaggebend. Zum einen die Einführung des gesetzlichen Mindestlohns 2015, dessen Anhebung auf zwölf Euro im Oktober 2022 besonders spürbare Effekte hatte: Viele Beschäftigte, die zuvor unter der Niedriglohnschwelle verdient hatten, wurden dadurch auf ein höheres Lohnniveau gehoben. Vor allem befristet Beschäftigte, Minijobber und Ausländer profitieren davon, weil sie überdurchschnittlich häufig in Niedriglohnsektoren arbeiten. Zum anderen die Erhöhung der Tariflöhne. Die internationale Mindestlohnforschung zeigt, dass die Höhe der Tariflöhne die Niedriglohnquote stärker beeinflusst als ein gesetzlicher Mindestlohn.

... in Ostdeutschland

Anteil von Vollzeitbeschäftigten, in Prozent, 2024, Niedriglohnschwelle Ost + Berlin **(2.359 € brutto)**

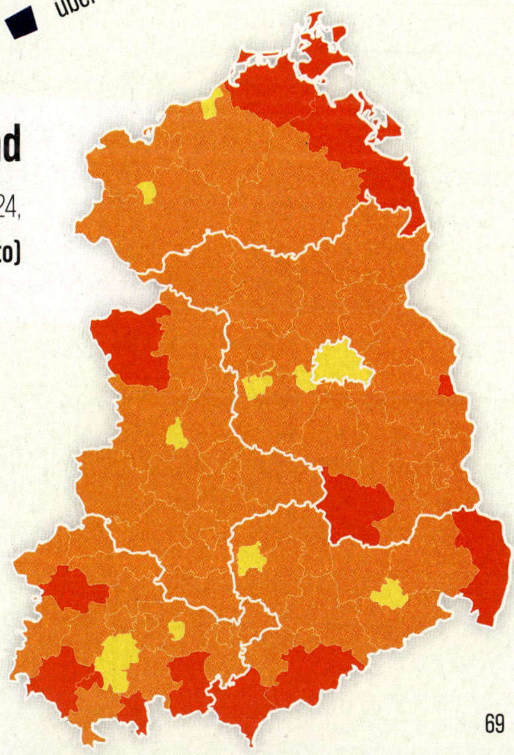

Auf nationaler Ebene gibt es noch immer Unterschiede zwischen Ost- und Westdeutschland. Obwohl die Niedriglohnquote 2022 im Osten mit 25 Prozent deutlich über jener im Westen (18 Prozent) lag, kann die Schrumpfung des Niedriglohnsektors bis 2019 vor allem auf den Osten zurückgeführt werden. Dort wurden die Tariflöhne nämlich in vielen Branchen allmählich an das Westniveau angeglichen.

Immer weniger Tarifverträge in Deutschland

Immer weniger Beschäftigte in Deutschland arbeiten in Betrieben mit Tarifvertrag. Im Jahr 2000 lag die Tarifbindung noch bei rund 68 Prozent, 2023 nur noch bei 49 Prozent. Betroffen sind alle Bundesländer, wenn auch in unterschiedlichem Ausmaß: In Ostdeutschland war die Tarifbindung schon vor über 20 Jahren niedriger und liegt heute in einigen Bundesländern bei unter 45 Prozent. Aber auch westdeutsche Länder wie Hessen oder Nordrhein-Westfalen verzeichnen starke Rückgänge.

Der kontinuierliche Schwund ist eine politische Herausforderung: Weniger Tarifverträge bedeuten, dass Löhne und Arbeitsbedingungen immer häufiger einseitig vom Arbeitgeber diktiert werden. Vollzeitbeschäftigte mit Tarifvertrag verdienen im Schnitt etwa zehn Prozent mehr Gehalt und arbeiten pro Woche fast eine Stunde weniger als Kolleg:innen ohne Tarifvertrag. Auf das Jahr gerechnet heißt das, wer nicht tarifgebunden arbeitet, arbeitet rund eine Woche mehr und verzichtet gleichzeitig auf ein ganzes Monatsgehalt. Die EU fordert Länder mit unter 80 Prozent Tarifbindungsquote inzwischen auf, Aktionspläne zur Stärkung der Tarifbindung vorzulegen.

Beschäftigte mit Tarifbindung

in Prozent

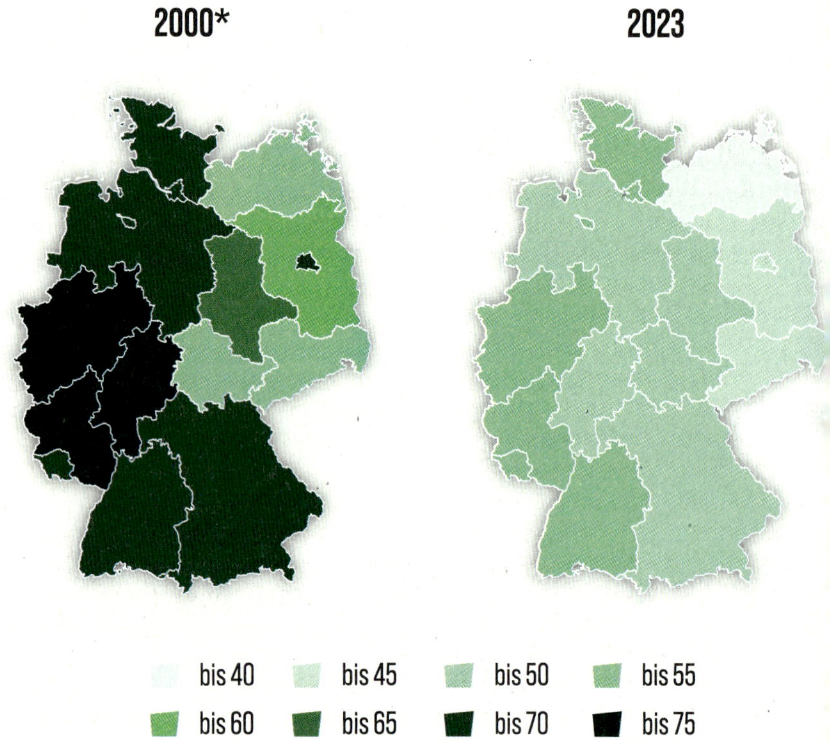

*Rheinland-Pfalz und Saarland Werte von 2001

Ohne Tarifvertrag hat man im Schnitt ...

2020 bis 2022

... weniger Gehalt
in Prozent

... weniger Freizeit
Mehrarbeit in Minuten pro Woche

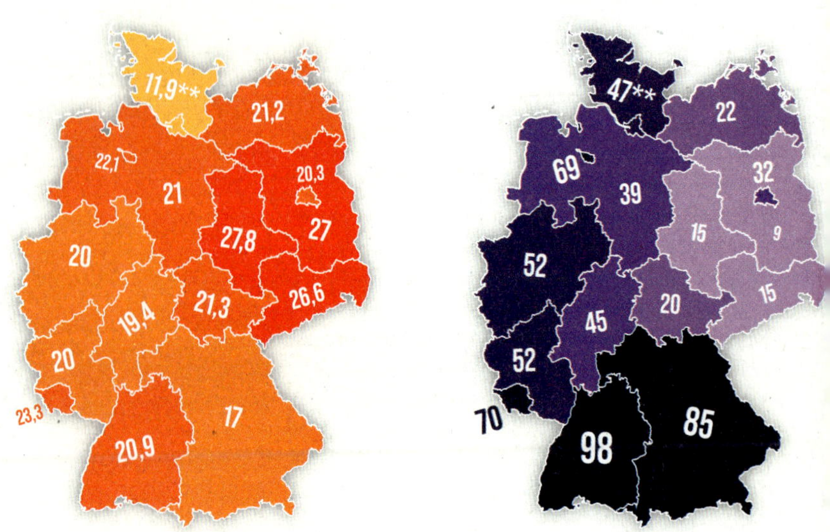

**Schleswig-Holstein und Hamburg zusammengefasst; gleicher Tarifverbund

Gewerkschaftlicher Organisationsgrad

Anteil der Beschäftigten, die Mitglied einer Gewerkschaft sind, in Prozent, neueste verfügbare Daten (2016-2020)

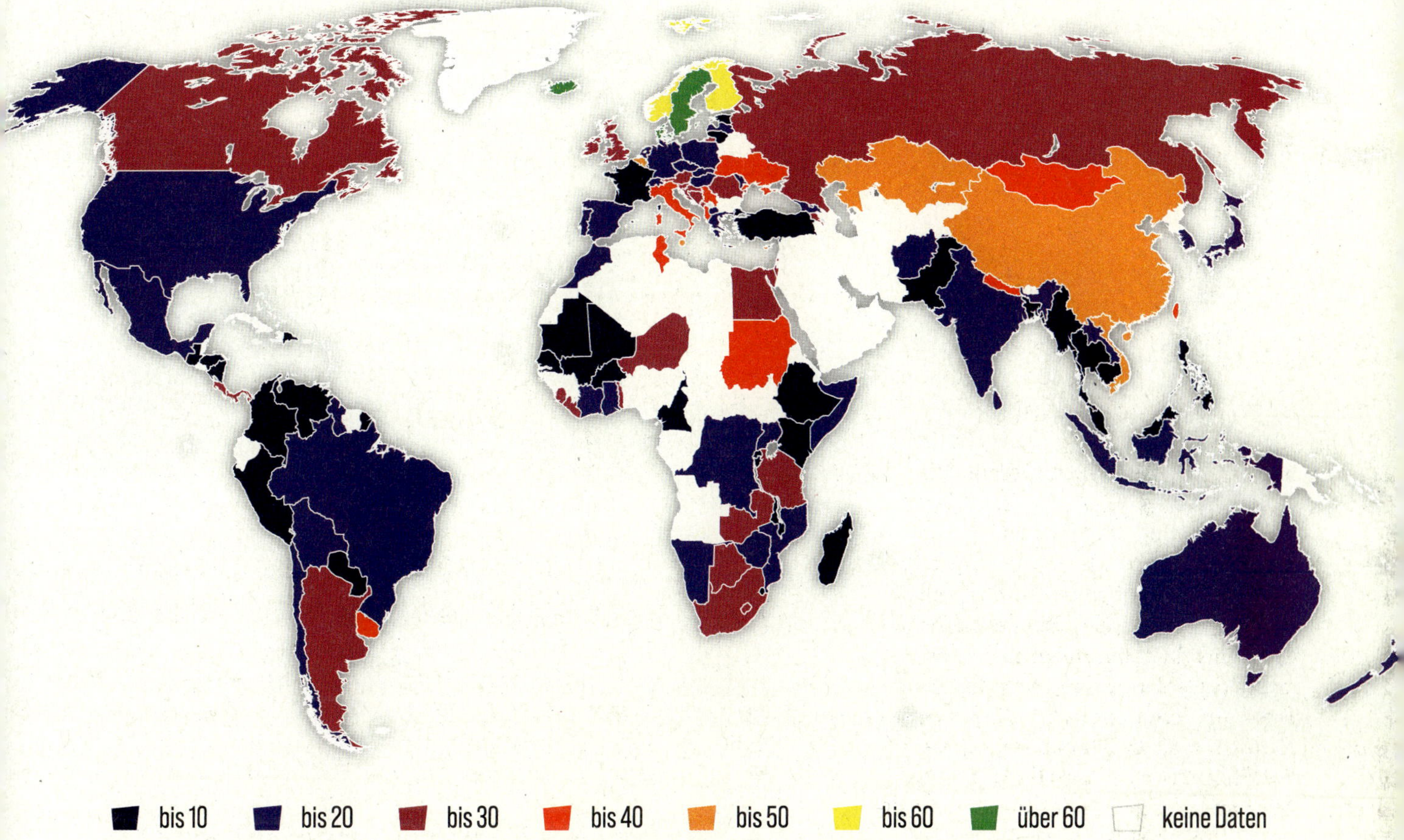

Nordeuropa: Hochburg der Gewerkschaften

Nordeuropa gilt traditionell als Hochburg der Gewerkschaften. Doch die Zahl der Mitglieder geht auch hier zurück. Eine Ausnahme bildet Island. Dort sind weiterhin rund 90 Prozent der Beschäftigten in Gewerkschaften organisiert – der höchste Wert weltweit. In Schweden sank der Organisationsgrad hingegen seit den Neunzigerjahren von über 80 auf 68 Prozent, in Dänemark von 74 auf 54. Finnland lag 2021 bei 55 Prozent – ebenfalls deutlich weniger als noch vor 30 Jahren. Die Gründe für den Rückgang sind vielfältig: strukturelle Veränderungen am Arbeitsmarkt beispielsweise oder politische Reformen, die die Rolle der Gewerkschaften schwächten. Dennoch bleibt die Gewerkschaftsdichte in den nordischen Ländern im internationalen Vergleich außergewöhnlich hoch – in Deutschland dagegen lag sie 2019 bei rund 16 Prozent und in Frankreich sogar nur bei knapp 9 Prozent.

Eine Delikatesse als Schmuggelgut

Der Aal ist einer der rätselhaftesten Fische. Sein Lebenszyklus umfasst weite Wanderungen, verborgene Laichgebiete – und erhebliche Herausforderungen für den Bestand. Denn auch das organisierte Verbrechen interessiert sich für den fettreichen Knochenfisch.

VON **JAN DIRK SPIJKER**

(1) Couch, Christina: The Mysterious, Vexing, and Utterly Engrossing Search for the Origin of Eels, auf: hakaimagazine.com (13.9.2022).

(2) Olson, Danielle: The Origin of Eels, auf: ocean.si.edu (Dezember 2022).

(3) Ebd.

(4) Ebd.

Der Europäische Aal *(Anguilla anguilla)* ist eines der größten Rätsel der Natur. Bis ins frühe 20. Jahrhundert wusste niemand, wo und wie er sich fortpflanzt. Kein Mensch hatte jemals einen Aal bei der Fortpflanzung beobachtet. Lange Zeit hielten einige Wissenschaftler seine verschiedenen Lebensstadien sogar für unterschiedliche Fischarten.[1] Der dänische Meeresbiologe Johannes Schmidt stellte während seiner Forschungsreisen zwischen 1904 und 1921 die Vermutung an, dass sich Aale in der Sargassosee – einem Meeresgebiet im Atlantik östlich von Florida – fortpflanzen, nachdem er dort die kleinsten bekannten Aallarven gefunden hatte.[2] Erst im Jahr 2022 konnte der Ort schließlich mittels Satellitendaten wissenschaftlich bestätigt werden.

Heute ist mehr über den Aal bekannt. Fische und andere Meeresorganismen werden individuell markiert oder mit einem Sender versehen, um ihr Verhalten per Satellit verfolgen zu können. Aus solchen Daten ging erstmals gesichert hervor, dass erwachsene Aale fünf- bis zehntausend Kilometer wandern, aus Europas Flüssen bis in die ferne Sargassosee, um dort zu laichen.[3]

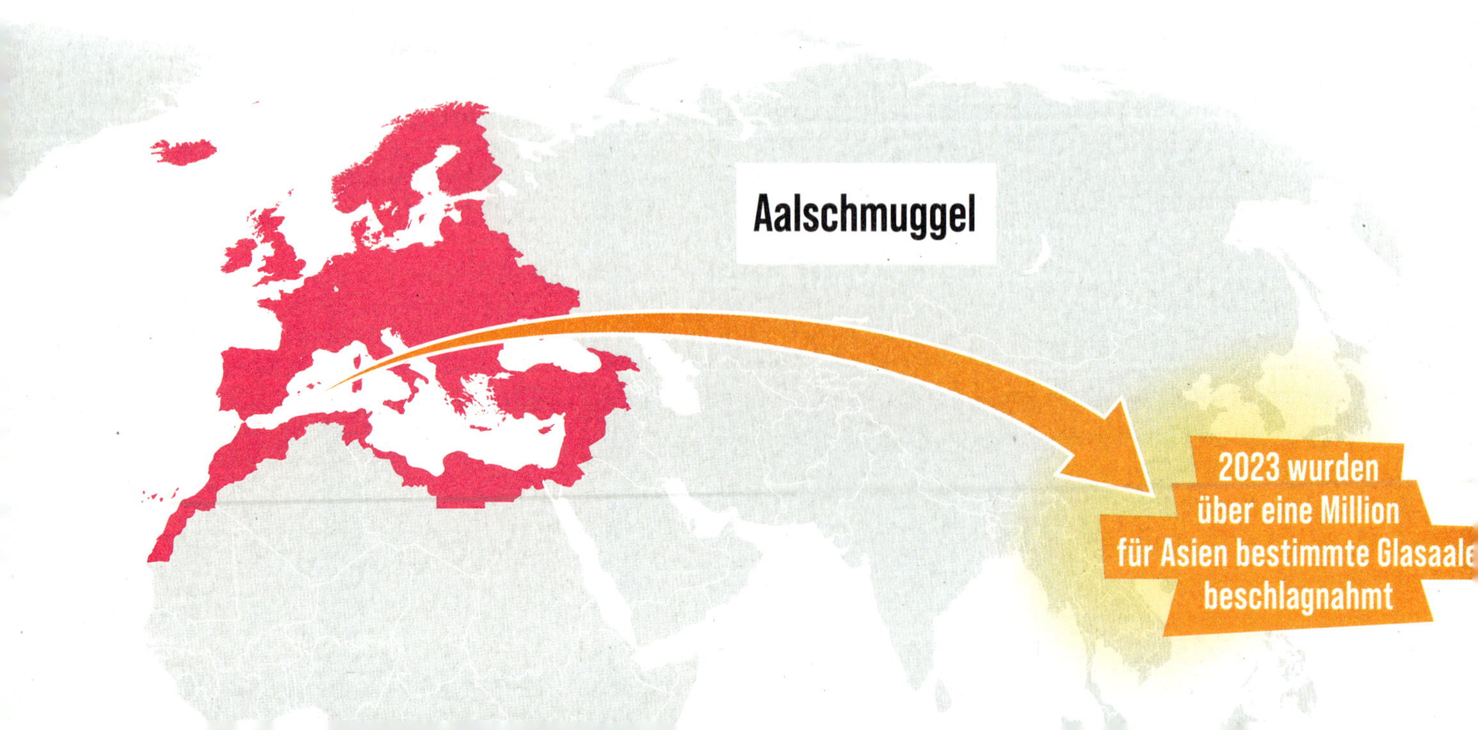

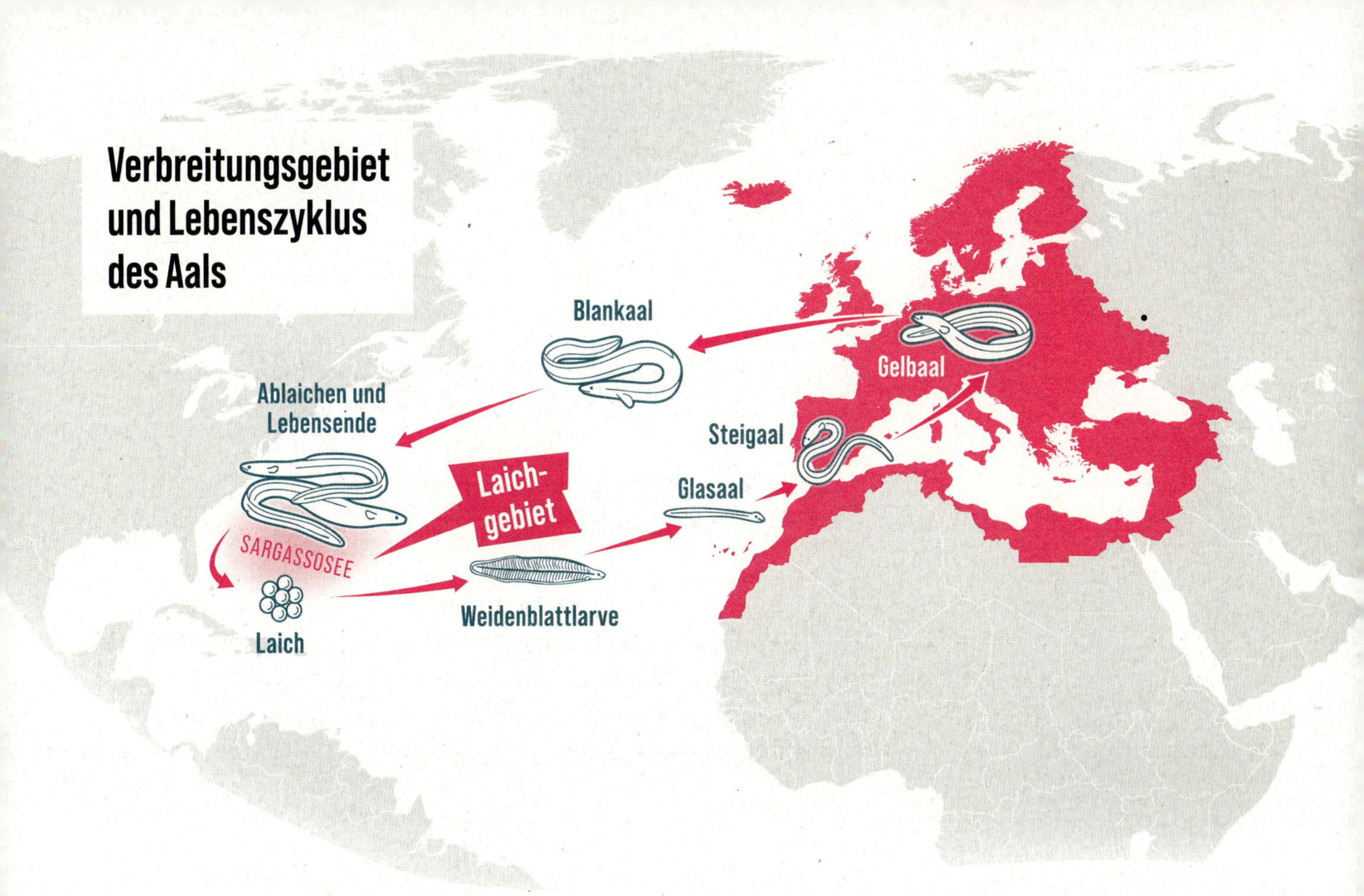

Die Entwicklung eines Aals beginnt als sogenannte Weidenblattlarve, eine durchsichtige, blattförmige Larve, die sich mit den Meeresströmungen vom Atlantik in Richtung Europa bewegt. In Küstennähe verwandeln sich die Larven in die wenige Zentimeter langen Glasaale[4] und anschließend in Gelbaale, die die Flüsse hinaufziehen.[5] Wenn er ausgewachsen ist, wird der Aal zum Silberaal und macht sich aus dem Landesinneren auf den Weg zurück in den Atlantik, dorthin, wo sein Leben begann.[6]

Ursachen eines dramatischen Rückgangs

So faszinierend seine Reise ist – für viele junge Aale ist sie heute eine ohne Wiederkehr. Der Europäische Aal ist stark bedroht. Seit den Achtzigerjahren sind die Bestände des fettreichen Fischs um bis zu 98 Prozent zurückgegangen – vor allem durch menschlichen Einfluss. Überfischung, Staudämme, Parasiten, Umweltgifte und der Klimawandel stören seinen natürlichen Lebenszyklus.[7] Zusätzlich wird der Aal vielerorts gerne verzehrt.

In Spanien etwa werden Glasaale traditionell mit Öl, Knoblauch und Chili zubereitet. Wenn die Fische im Winter an den Atlantikküsten eintreffen, werden sie in den Flussmündungen gefangen – teils legal, im Rahmen von Fangquoten, teils illegal. Zwar sind die Fangmengen begrenzt, doch mit steigender Nachfrage und höheren Preisen ist auch das illegale Geschäft gewachsen. Auf dem Schwarzmarkt erzielen lebende Glasaale teils mehrere Tausend Euro pro Kilo.[8]

Aale in Koffern

Auch in Japan, China, Südkorea und anderen ostasiatischen Ländern gelten Aale – insbesondere als Gericht *Unagi* – als Delikatesse. Dabei ist es bis heute nicht gelungen, die Fische in Aquakultur aufzuziehen. Sie pflanzen sich nach einer langen Reise unter den wenig erforschten Bedingungen der Tiefsee fort. Deshalb stammen alle Glasaale für Zuchtbetriebe aus Wildfängen. Im Jahr 2023 etwa wurden mehr als eine Million lebende Aale beschlagnahmt, die für Asien bestimmt waren.[9]

Der Transport dorthin läuft beispielsweise so ab: Die Glasaale werden in mit Salzwasser und Sauerstoff gefüllte Beutel verpackt und in Koffern geschmuggelt. Bereits 2018 entdeckte die Umwelteinheit der spanischen Polizei, Seprona, ein Lagerhaus mit 364 Koffern, in denen sich fünf Tonnen Glasaale befanden. Der geschätzte Verkehrswert lag bei 38 Millionen Euro.[10] Die EU-Strafverfolgungsbehörde Europol schätzt, dass allein mit dieser Methode in Spitzenjahren bis zu drei Milliarden Euro umgesetzt werden.[11]

(5) NatureScot (Hg.): European eel, auf: nature.scot (11.9.2023).

(6) Olson 2022.

(7) Altmayer, Anne: Addressing the critical state of European eel stocks, S. 2-3, 5, auf: europarl.europa.eu (Mai 2024).

(8) Randolph, Mike: Why baby eels are one of Spain's most expensive foods, auf: bbc.com (14.3.2018).

(9) Fabro, Keith A.: Glass eel smuggling booms despite bans, leaving species on the brink, auf: news.mongabay.com (23.6.2025).

(10) Successful Wildlife Crime Prosecution in Europe (Hg.): From rivers to black markets: how law enforcement in Europe is disrupting eel trafficking, auf: stopwildlifecrime.eu (2.3.2023).

(11) Fabro 2025.

(12) Blue Planet Society (Hg.): Possible EU temporal eel fishing closure and its potential implications for glass eel trafficking, auf: blueplanetsociety.org (6.12.2018).

(13) Fabro 2025.

(14) Altmayer 2024, S. 3-5.

Bei Frachtsendungen gehen die Schmuggler noch raffinierter vor. Glasaale werden in Luftfrachtcontainern unter anderen Meeresprodukten versteckt oder als legale Fischarten deklariert. Oft mit dem Ziel, sie nach Ostasien zu transportieren.[12]

Laut Europol handelt es sich beim Aalschmuggel um ein hochgradig organisiertes Verbrechen, das neben Wildtierhandel auch Dokumentenfälschung, Geldwäsche und Steuerbetrug umfasst. Manche Netzwerke beschäftigen sogar Biolog:innen und Tierärzt:innen, um den erfolgreichen Transport der lebenden Glasaale zu gewährleisten. Schlupflöcher in der Gesetzgebung – etwa uneinheitliche Regelungen innerhalb der EU-Staaten oder die mangelnde Einhaltung von EU-Exportverboten in Drittländer wie das Vereinigte Königreich oder Marokko – begünstigen den Schmuggel zusätzlich.[13]

Der Aal hat (noch) eine Chance

Die gute Nachricht: Es tut sich etwas. Der Europäische Aal steht zwar weiterhin unter massivem Druck, doch auf politischer, rechtlicher und praktischer Ebene laufen inzwischen ernsthafte Maßnahmen, um den Bestand zu stabilisieren und langfristig zu sichern.[14]

So verpflichtet eine EU-Verordnung[15] alle Mitgliedstaaten dazu, sogenannte Aalbewirtschaftungspläne zu erstellen, sofern ihre Binnengewässer Lebensraum des Europäischen Aals sind. Diese Pläne sollen sicherstellen, dass mindestens 40 Prozent der Silberaal-Abwanderung, wie sie unter natürlichen, ungestörten Bedingungen zu erwarten wäre, erreicht werden. Das ist nicht nur symbolisch wichtig – jeder einzelne Aal zählt, denn die Art pflanzt sich nur ein einziges Mal in ihrem Leben fort.[16]

Auf Grundlage des Washingtoner Artenschutzübereinkommens, auf dessen Liste der vom Aussterben bedrohten Arten der Europäische Aal seit 2009 zu finden ist, hat die EU bereits 2010 ein umfassendes Ausfuhrverbot erlassen. Es untersagt sämtliche Exporte von

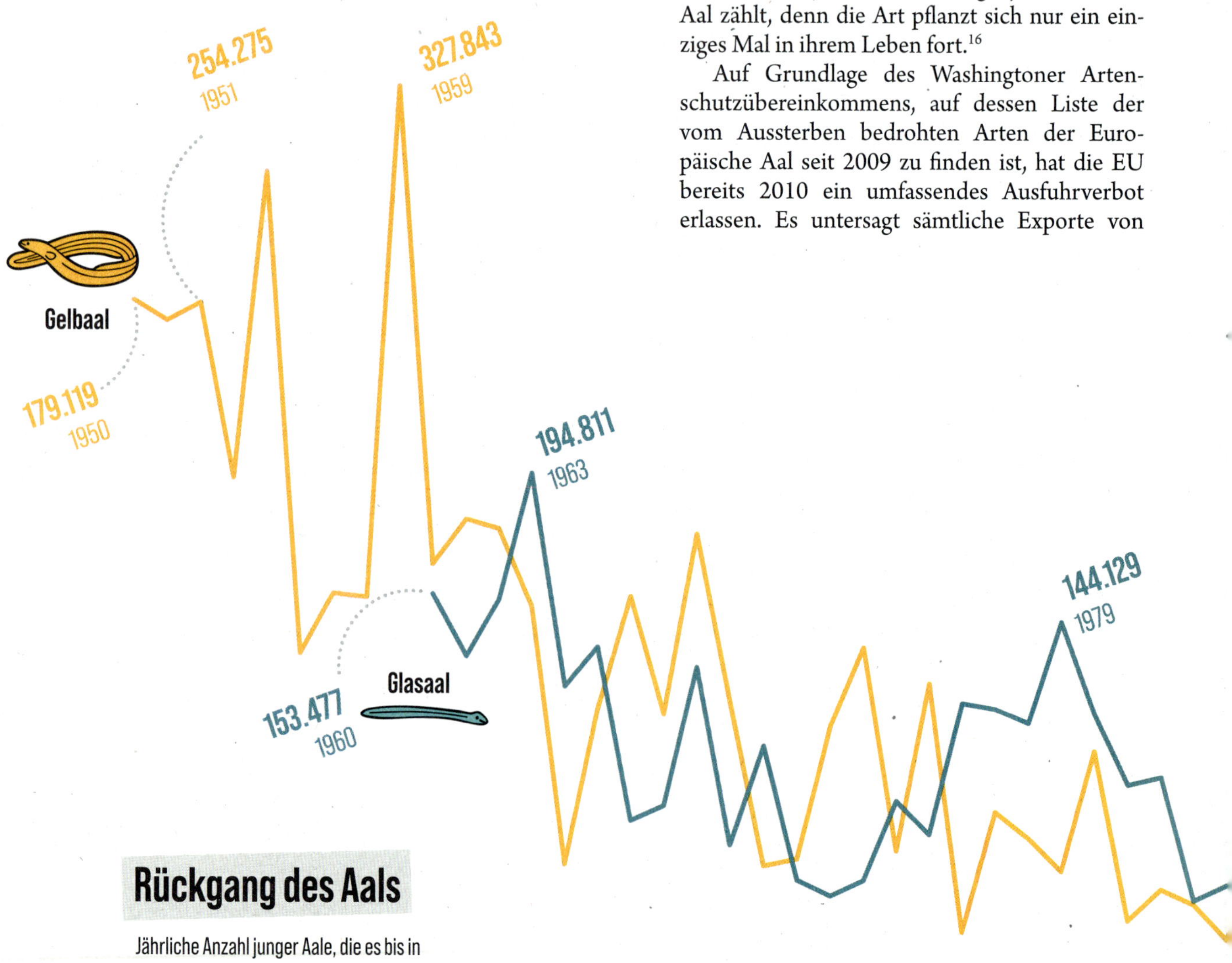

Rückgang des Aals

Jährliche Anzahl junger Aale, die es bis in europäische Gewässer schaffen und dort den Bestand auffüllen, 1950 bis 2021

> Der Europäische Aal ist vom Aussterben bedroht

Europäischen Aalen außerhalb der EU. Hintergrund ist der Versuch, den Druck des globalen Schwarzmarkts, insbesondere aus Asien, einzudämmen. Dort ist die Nachfrage nach Glasaalen nach wie vor sehr hoch.[17]

Europas Antwort auf den Aalschmuggel

Doch Verbote stoppen den Schmuggel nicht – also rüstet Europa im Kampf gegen die Aalmafia auf. Bei verschiedenen europaweiten Aktionen, die Europol seit 2016 in 24 Ländern koordiniert, steht die Zerschlagung krimineller Netzwerke des illegalen Aalhandels im Mittelpunkt. In Spanien ist besonders die Umweltpolizei Seprona aktiv. Sie deckt regelmäßig Schmuggelrouten auf und beschlagnahmte in der Vergangenheit unter anderem ein Lagerhaus mit Tausenden lebenden Glasaalen. Seit Beginn der Operationen konnte der illegale Handel mit Aalen Schätzungen zufolge bereits um etwa die Hälfte reduziert werden – ein bedeutender Schritt gegen einen ansonsten schwer kontrollierbaren Schwarzmarkt.[18]

Daneben versuchen Forschende seit Jahren, den Europäischen Aal in Gefangenschaft zu züchten – bislang ohne Erfolg. Ein geschlossener Zuchtkreislauf konnte noch nicht verwirklicht werden, sodass die Aquakultur vollständig von Wildfängen abhängig bleibt. Zwar gelang 2019 in Finnland ein bemerkenswerter Fortschritt: Ein Aalweibchen entwickelte erstmals spontan in einem Aquarium seine Fortpflanzungsorgane – jedoch ohne dass es zu einer dokumentierten Paarung oder Eiablage kam. Zuletzt erreichte ein niederländisches Unternehmen bei seinen Exemplaren das Weidenblatt-Larvenstadium in Gefangenschaft, weltweit ein Novum. Dank dänischer und niederländischer Arbeitsgruppen werden inzwischen Fortschritte in der Larvenzucht erzielt, aber der entscheidende Schritt zur marktreifen Zucht von Glasaalen bleibt weiterhin unerreicht.[19]

Der dramatische Rückgang des Europäischen Aals veranschaulicht, wie eng Ökologie, Wirtschaft und Kriminalität miteinander verflochten sein können. Doch die internationale Zusammenarbeit in der Strafverfolgung und wissenschaftliche Fortschritte machen Hoffnung auf eine Rettung des Aals – sofern Politik, Forschung und Gesellschaft die angestoßenen Maßnahmen konsequent fortführen.

(15) Europäische Union (Hg.): Verordnung (EG) Nr. 1100/2007 des Rates vom 18. September 2007 mit Maßnahmen zur Wiederauffüllung des Bestands des Europäischen Aals, auf: eur-lex.europa.eu.

(16) Altmayer 2024, S. 4.

(17) Ebd.

(18) Successful Wildlife Crime Prosecution in Europe 2023.

(19) Wageningen University & Research (Hg.): Eel breeding: from biological mystery towards controlled eel reproduction, auf: wur.nl (10.1.2025).

JAN DIRK SPIJKER
KATAPULT

Datengestützt zur fahrradfreundlichen Stadt

Auf Deutschlands Straßen kommt es immer wieder zu Unfällen mit Fahrradfahrer:innen aufgrund fehlender Radwege, gefährlicher Überholmanöver oder rücksichtsloser Autofahrer:innen. Ein neues Projekt soll das ändern: Ein Gerät am Rad erkennt Gefahrenstellen, wertet sie mit Sensoren und KI aus und liefert Daten, die Radfahren bald sicherer machen könnten.

VON **THOMAS BARTOSCHEK, FELIX ERDMANN, PAULA SCHARF, ARTUR KIM SHUM** UND **VERENA WITTE**

Fast die Hälfte der Bevölkerung in Deutschland würde gerne häufiger Rad fahren. Das Problem: 40 Prozent der Radfahrenden berichten regelmäßig von riskanten Situationen – etwa wegen fehlender Wege, gefährlicher Überholmanöver oder rücksichtsloser Autofahrender.[1] Hier setzt sogenannte Bürgerwissenschaft an: Leute erheben Daten selbst und liefern damit wertvolle Informationen für Forschung und Politik. So beispielsweise beim Projekt *OpenBikeSensor* des gleichnamigen gemeinnützigen Vereins aus Stuttgart. Dabei wird mithilfe eines Ultraschallsensors der Abstand vom eigenen Fahrrad zu vorbeifahrenden Autos gemessen. Eine App erfasst per GPS und den Bewegungssensoren des Smartphones die Fahrstrecken von Radfahrenden und erkennt kritische Ereignisse. Die gesammelten Daten werden anonymisiert auf eine Plattform hochgeladen.[2] Und das *Tagesspiegel*-Projekt *Radmesser* setzt auf ein vollautomatisches System aus Smartphone-Kamera und Ultraschallsensor.[3]

Diese Projekte liefern erste Einblicke. Doch viele von ihnen stoßen an technische Grenzen – etwa bei der Genauigkeit, beim Datenschutz oder der Nutzerfreundlichkeit. Ein neuer Ansatz soll das ändern: die *senseBox:bike*. Das Ziel: mehr Wissen für alle, mehr Sicherheit für Radfahrer:innen – und Fortschritte beim Umbau der Städte.

Das Fahrrad wird zur Datenquelle

Das Gerät wird an der Sattelstütze des Fahrrads montiert, es basiert auf Open-Source-Technologie in einem 3D-gedruckten Gehäuse. Seine Sensoren erfassen und liefern Umweltdaten aus erster Hand – wie Lufttemperatur, Lautstärke und Feinstaubbelastung entlang der Strecke. Ein Beschleunigungssensor vermisst die Straßenoberfläche und versucht mithilfe von künstlicher Intelligenz, Beläge und Anomalien zu erkennen. Ein Tiefenbildsensor misst den Abstand zu vorbeifahrenden Autos.[4] Denn: Die Straßenverkehrsordnung schreibt zwar 1,50 Meter Mindestabstand beim Überholen in der Stadt vor, in der Praxis halten sich Autofahrer:innen jedoch oft nicht daran. So gaben 42 Prozent der befragten Bundesbürger:innen in einer Umfrage an, dass Fahrradfahren in ihrer Umgebung zu gefährlich sei. Gleichzeitig werden in Deutschland 32 Prozent aller Wege unter zwei Kilometer mit dem Auto zurückgelegt.[5] Das kostet Fläche, produziert CO_2 und erhöht das Unfallrisiko. Die Zahl getöteter Radfahrer:innen bleibt unter anderem deswegen konstant hoch: rund 450 pro Jahr. In drei von vier Fällen sind Autofahrer:innen schuld.[6]

Die im vom Bundesumweltministerium geförderten Projekt *TinyAIoT* entwickelte KI der senseBox:bike wertet die gesammelten Daten aus und markiert riskante Überholmanöver. Bei jeder Fahrt werden die Daten in Echtzeit per Bluetooth zur Smartphone-App übermittelt, wo GPS-Positionen hinzukommen. Das Besondere: Die Auswertung erfolgt direkt im Gerät, nicht in der Cloud. Das spart Energie und Ressourcen.[7] So wird das Fahrrad zu einem Werkzeug der Forschung im Alltag. Die erhobenen Daten weisen

(1) Jurczok, Franziska; Gensheimer, Tim; Specht, Felix: Fahrrad-Monitor 2023, S. 11, auf: bmdv.bund.de (4.9.2025).

(2) Bosen, Jennifer u.a.: Too close for cycling comfort? Social and physical contributors to subjective cycling safety in the context of overtaking: Results from a mixed-methods study combining data from OpenBikeSensors, the SimRa app, and qualitative interviews, in: Journal of Urban Mobility 7 (2025), S. 2.

(3) Tagesspiegel (Hg.): Radmesser, auf: interaktiv.tagesspiegel.de.

(4) Scharf, Paula u.a.: Sustainability: Energy-efficient intelligent bicycle sensors to promote mobility transition, in: Kox, Thomas; Ullrich, André; Zech, Herbert (Hg.): Uncertain Journeys into Digital Futures, Baden-Baden 2025, S. 151-164, hier: S. 156.

Anteil der Befragten, die im Radfahren eine wichtige Rolle bei der Reduzierung von CO_2-Emissionen sehen

77 %

Anteil der Befragten, die das Fahrrad nutzen, um Entfernungen bis 2 Kilometer zurückzulegen

21 %

Anteil der Befragten, die Fahrradfahren in ihrer Umgebung zu gefährlich finden

42 %

Gefahrenkarten für Radfahrer

Auf solchen Karten können Informationen gewonnen werden, in welchen Gebieten die Gefahr für Radfahrer besonders hoch und welche Verkehrsführung zu vermeiden ist

Geschwindigkeitskarten

Sie zeigen an, wo Raffahrer besonders schnell sind und die Gefahr entsprechend hoch ist

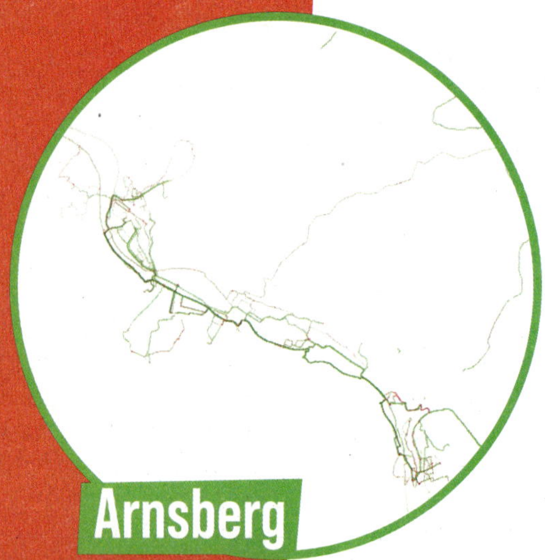

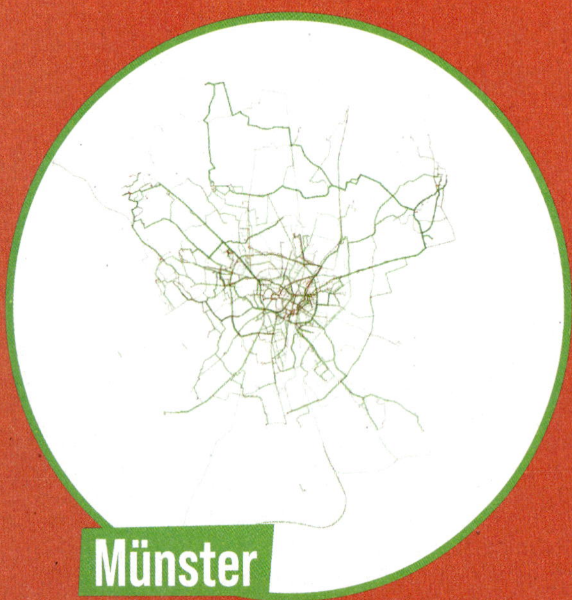

Überholmanöver-Karten

Auf solchen Karten können Wissenschaftler kritische Zonen ausmachen und erkennen, wo Autofahrer besonders häufig den Mindestabstand zu Radfahrern nicht einhalten

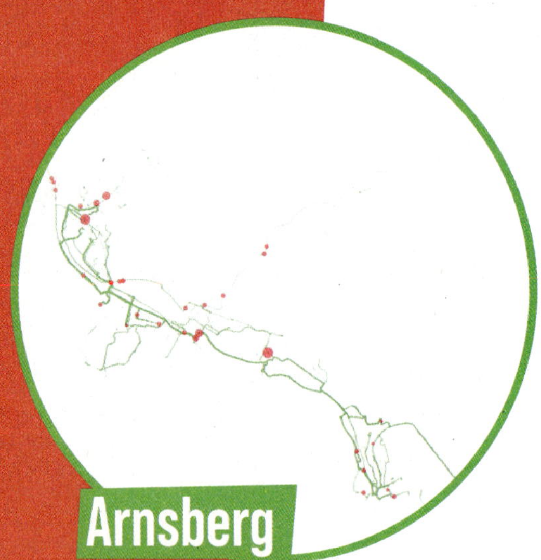

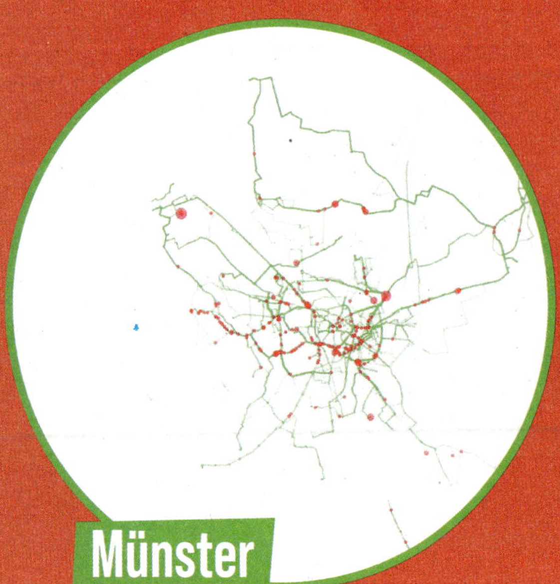

auf holprige und gefährliche Streckenabschnitte hin und machen fehlende Radwege sichtbar, indem sie den notwendigen Verbesserungsbedarf in den Fokus rücken.

Persönliche Erfahrungen sichtbar machen

Das vom Bundesforschungsministerium geförderte Projekt *AtrAI Bikes* verbindet Technologie und Teilhabe. In offenen Workshops lernen Interessierte die senseBox:bike kennen, experimentieren mit Sensoren und bauen ihre eigenen Boxen zusammen. So entsteht ein praktisches Verständnis für Datenerhebung und deren Bedeutung im urbanen Raum. In Zusammenarbeit mit Stadtverwaltungen fördern die Workshops den Austausch zwischen Bürger:innen und städtischen Mitarbeiter:innen zur Mobilitätswende.[8]

Die Nutzer:innen behalten dabei die Kontrolle über ihre Daten. In der App lassen sich „Privatzonen" definieren, etwa im Umfeld von Wohnort oder Arbeitsplatz, um die Privatsphäre zu schützen. Auf Wunsch können die gesammelten Daten auf die Plattform *openSenseMap*[9] hochgeladen werden, wo sie für Forschung, Planung und Journalismus zugänglich sind. Der bürgerzentrierte Ansatz zieht sich auch durch die Visualisierung der Daten. Radfahrer:innen können ihre eigenen Daten einsehen und mit anderen vergleichen. Die persönlichen Erfahrungen im Stadtverkehr werden für alle sichtbar. Die offene Schnittstelle der openSenseMap ermöglicht es Stadtverwaltungen, Forschungseinrichtungen und der interessierten Öffentlichkeit, die Daten weiterzuverarbeiten, mit anderen Quellen zu kombinieren und in Planungsprozesse einzubeziehen.

Viele Jugendliche sind auf das Fahrrad angewiesen. Sie haben keinen Führerschein, kein Auto und oft keine gute Busverbindung. In die Stadtplanung werden sie jedoch selten einbezogen. Dabei haben sie häufig kreative und unkonventionelle Ideen, die traditionelle Denkmuster durchbrechen und eine zielgruppenorientierte Planung fördern.[10] Im von der Deutschen Bundesumweltstiftung geförderten Projekt *Verkehrswende in Essen – Jugendliche entwickeln mit digitalen Geomedien Konzepte für den Radverkehr* bauten Schüler:innen von sechs Essener Schulen ihre eigenen Messgeräte mit der senseBox:bike und nutzten sie im Straßenverkehr. Auf Grundlage der erhobenen Daten ermittelten sie Schwachstellen im Radwegenetz ihres Viertels und entwickelten Maßnahmen zur Verbesserung. Diese Ergebnisse wurden mit politischen Entscheidungsträgern und lokalen Initiativen diskutiert. Die Jugendlichen wurden ernst genommen, weil sie ihre Kritik mit Daten belegen konnten. Das Projekt zeigte, wie Bildung über den Klassenraum hinausreichen kann und welche Potenziale die Zusammenarbeit von Wissenschaft, Schule und Stadtverwaltung birgt.

Daten, Daten, Daten – und was jetzt?

Um Bürger:innen und Verwaltungeine unkomplizierte Möglichkeit zur Datenauswertung zu bieten, entsteht derzeit im Rahmen von *AtrAI Bikes* ein Werkzeug zur Datenanalyse, das problematische Stellen in der Fahrradinfrastruktur sichtbar macht. Dazu zählen Abschnitte mit häufigen Überholmanövern oder schlechtem Straßenbelag. Aus den Daten der Sense-Boxen entstehen interaktive Karten – etwa Heatmaps, die Straßenabschnitte markieren, wo Radfahrer:innen eng überholt wurden oder an Ampeln lange warten mussten. In Verbindung mit städtischen Daten offenbaren sich so tiefere Einblicke in die tatsächliche Verkehrssituation.

Langfristig sollen die gesammelten Daten und die darauf basierenden Karten eine verlässliche Basis für faktenbasierte Entscheidungen in der Stadtplanung bilden. Sichtbare und messbare Erfahrungen aus dem Straßenverkehr schaffen Argumente, die über persönliche Eindrücke hinausgehen. Aus vielen Einzelfahrten entsteht eine Datengrundlage, die politische Maßnahmen stützen kann – und damit zu einer besseren Radinfrastruktur beiträgt.

(5) Pyhel, Jörn: Weltfahrradtag: Sicherheitsbedenken halten Menschen vom Radfahren ab, auf: ipsos.com (24.5.2022).

(6) Statistisches Bundesamt (Hg.): Korrektur: Jedes sechste Todesopfer im Straßenverkehr 2024 war mit dem Fahrrad unterwegs, auf: destatis.de (24.4.2025).

(7) Scharf u.a. 2025.

(8) Scharf, Paula u.a.: Urban Cycling: Intelligent Bicycle Sensors for Road Safety and Sustainability, auf: zenodo.org (Dezember 2024).

(9) Bruch, Frederik, u.a.: Reviewing 10 years of openSenseMap – the open environmental data platform for (GI) Science, Education and Participation, auf: agile-giss.copernicus.org (9.6.2025).

(10) Schlomski, Sabrina: Kinderpartizipation in der Schulraumplanung, in Altrock, Uwe u.a. (Hg.): Stadterneuerung im vereinten Deutschland – Rück- und Ausblicke, Wiesbaden 2018, S. 249-273.

THOMAS BARTOSCHEK FELIX ERDMANN PAULA SCHARF ARTUR KIM SHUM VERENA WITTE

Anteil der Bevölkerung, der bereit ist, ein Prozent des Einkommens für Klimaschutz zu spenden

in Prozent, Befragung von April 2021 bis Oktober 2022

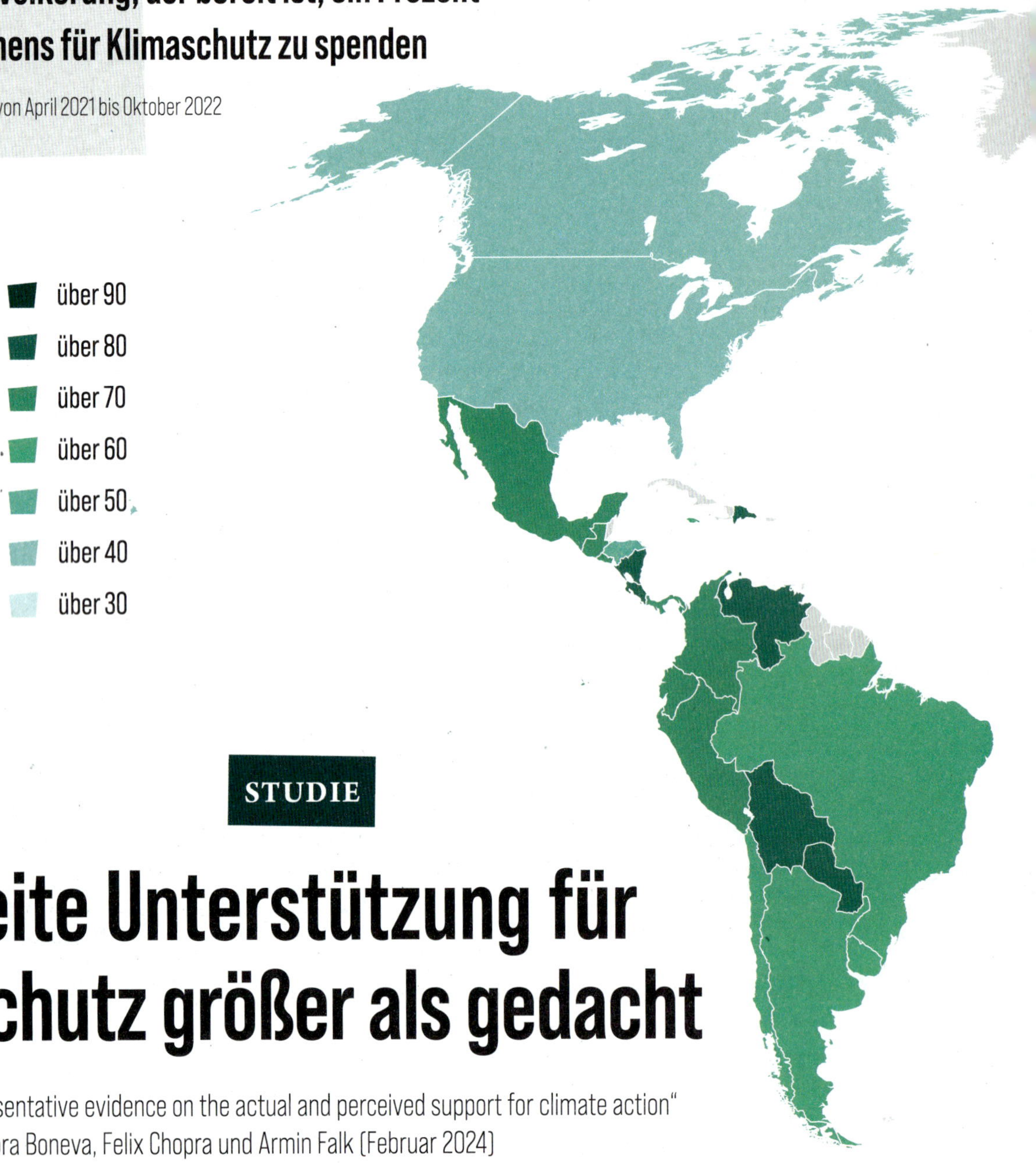

STUDIE

Weltweite Unterstützung für Klimaschutz größer als gedacht

Studie: „Globally representative evidence on the actual and perceived support for climate action" von Peter Andre, Teodora Boneva, Felix Chopra und Armin Falk (Februar 2024)

Kurz: In ärmeren und vom Klimawandel stärker bedrohten Ländern ist die Bereitschaft höher, ein Prozent des eigenen Einkommens in den Klimaschutz zu investieren. Generell ist die Bereitschaft in den 125 untersuchten Ländern höher, als die Befragten selbst glauben.

Die meisten Menschen sind bereit, etwas gegen den Klimawandel zu tun – viel mehr als gemeinhin angenommen. Zu diesem Schluss kommt ein deutsches Forschungsteam um Peter Andre. Die Ökonomen hatten eine Umfrage in 125 Ländern mit fast 130.000 Teilnehmern durchgeführt. Sie stellen fest, dass 69 Prozent bereit wären, ein Prozent ihres Einkommens für den Klimaschutz auszugeben. 86 Prozent befürworten klimafreundliche Verhaltensregeln, etwa den Verzicht auf Autofahren, Flüge oder Fleischkonsum. Und 89 Prozent fordern mehr politisches Handeln gegen die Erderwärmung.

In Zusammenarbeit mit dem Meinungsforschungsinstitut Gallup wurden je Land rund 1.000 Personen ab 15 Jahren befragt. Die einbezogenen Staaten deckten 96 Prozent der globalen Treibhausgasemissionen wie auch des globalen Bruttoinlandsprodukts und 92 Prozent der Weltbevölkerung ab. Die Studie erfasste sowohl die Bereitschaft, ein Prozent des verfügbaren Einkommens in den Klimaschutz zu investieren, als auch die Einschätzung, wie viel Prozent der Mitbürger dazu bereit wären. Zudem wurden die Zustimmung zu klimafreundlichen Normen sowie die Forderung nach verstärktem politischen Handeln erhoben.

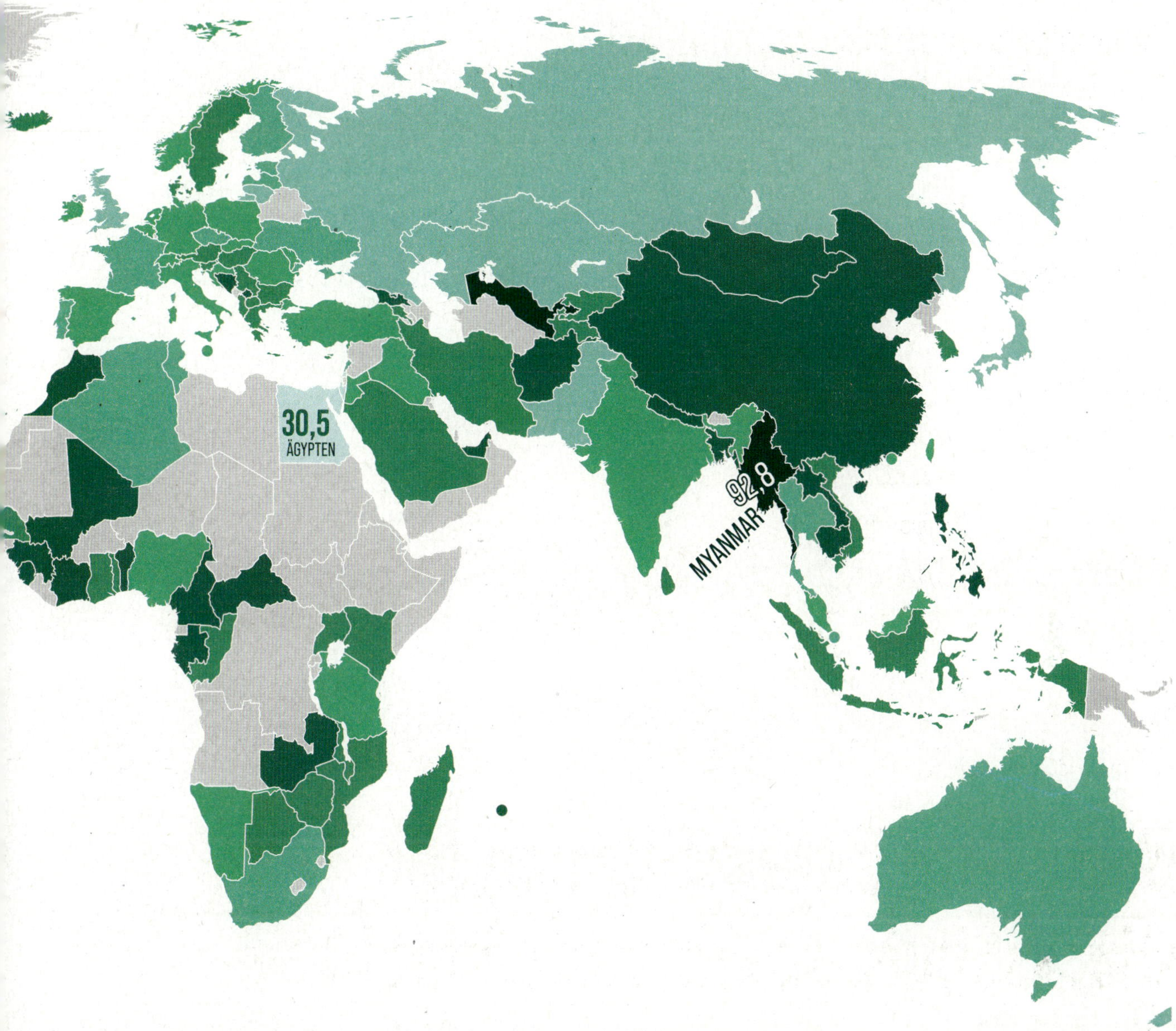

Ergebnis: Die Bereitschaft zum finanziellen Beitrag ist dort am höchsten, wo die Folgen des Klimawandels besonders spürbar sind. In den ärmsten Ländern sind 78 Prozent der Befragten bereit, ein Prozent ihres Einkommens beizusteuern, in den reichsten Ländern hingegen nur 62 Prozent. Ein ähnliches Muster zeigt sich, wenn man das gegenwärtig herrschende Klima einbezieht: In den wärmsten Ländern liegt die Bereitschaft bei 77 Prozent, in den kältesten bei 64 Prozent.

Die Befragungen ergaben jedoch eine Verzerrung in der Wahrnehmung der öffentlichen Unterstützung: Menschen unterschätzen systematisch die Bereitschaft ihrer Mitmenschen, einen Beitrag zum Klimaschutz zu leisten. Tatsächlich sind 69 Prozent bereit, ein Prozent ihres Einkommens für den Klimaschutz auszugeben, doch im Durchschnitt schätzen die Befragten diesen Anteil auf lediglich 43 Prozent. Dieser Trugschluss findet sich in allen untersuchten Ländern und könnte nach Ansicht der Forschenden ein wesentliches Hindernis für mehr Klimaschutz darstellen.

Eine Korrektur dieser Fehleinschätzung könne ein wirkungsvolles Mittel sein, um Klimaschutzmaßnahmen zu fördern, so das Forschungsteam weiter. Anstatt die Bedenken einer lautstarken Minderheit zu verstärken, solle kommuniz,iert werden, dass die große Mehrheit der Weltbevölkerung bereit ist, gegen den Klimawandel zu handeln, und auch von ihren Regierungen entsprechendes Handeln erwartet.

Studiendesign

Stil	quantitativ
Dauer	Querschnitt
Erhebung	Umfrage
Veröffentlichung	Fachzeitschrift

Wie viel Land Russland in der Ukraine besetzt hat

114.500 km²

Stand 15. August 2025

Wie viel das in anderen Ländern wäre:

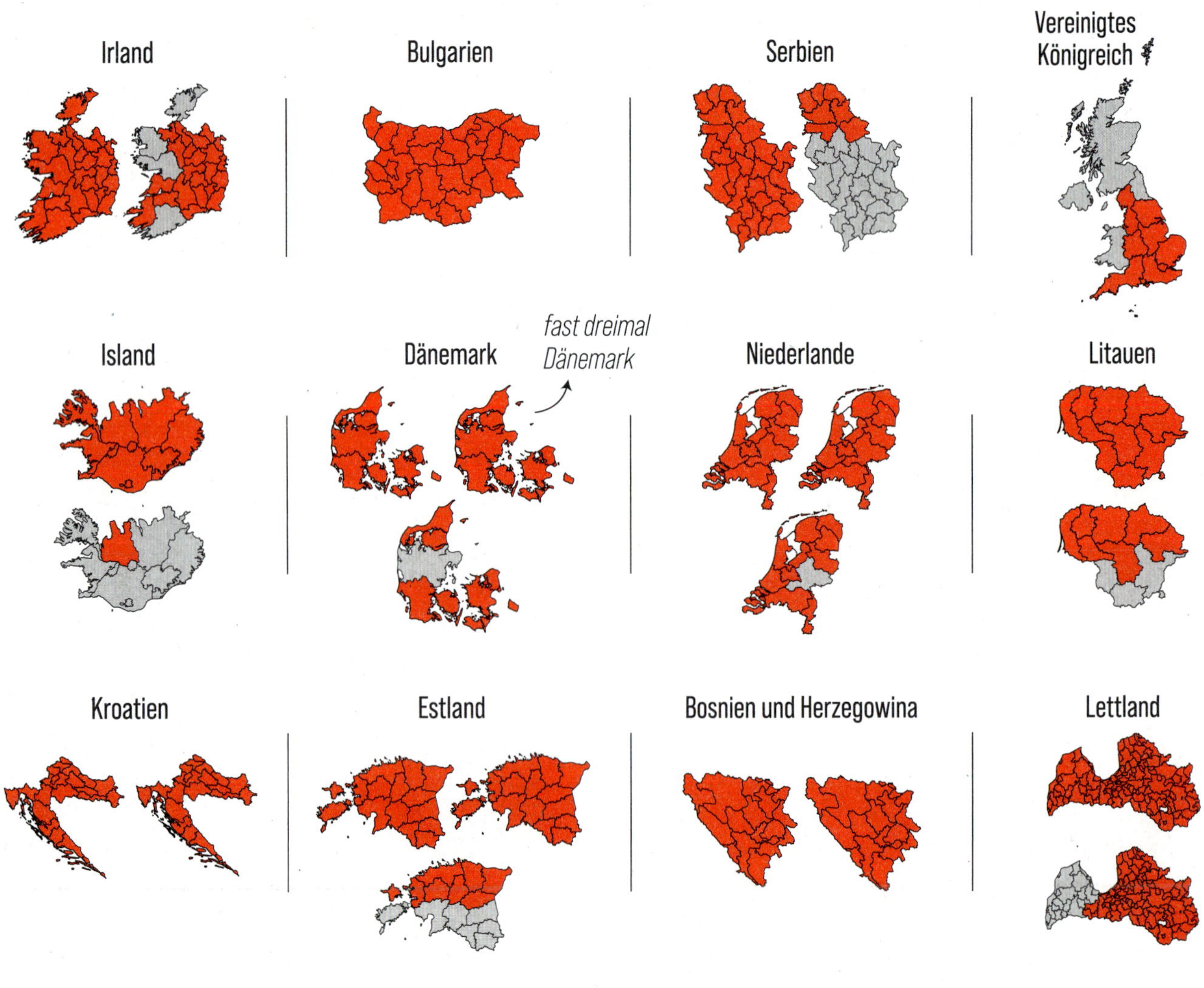

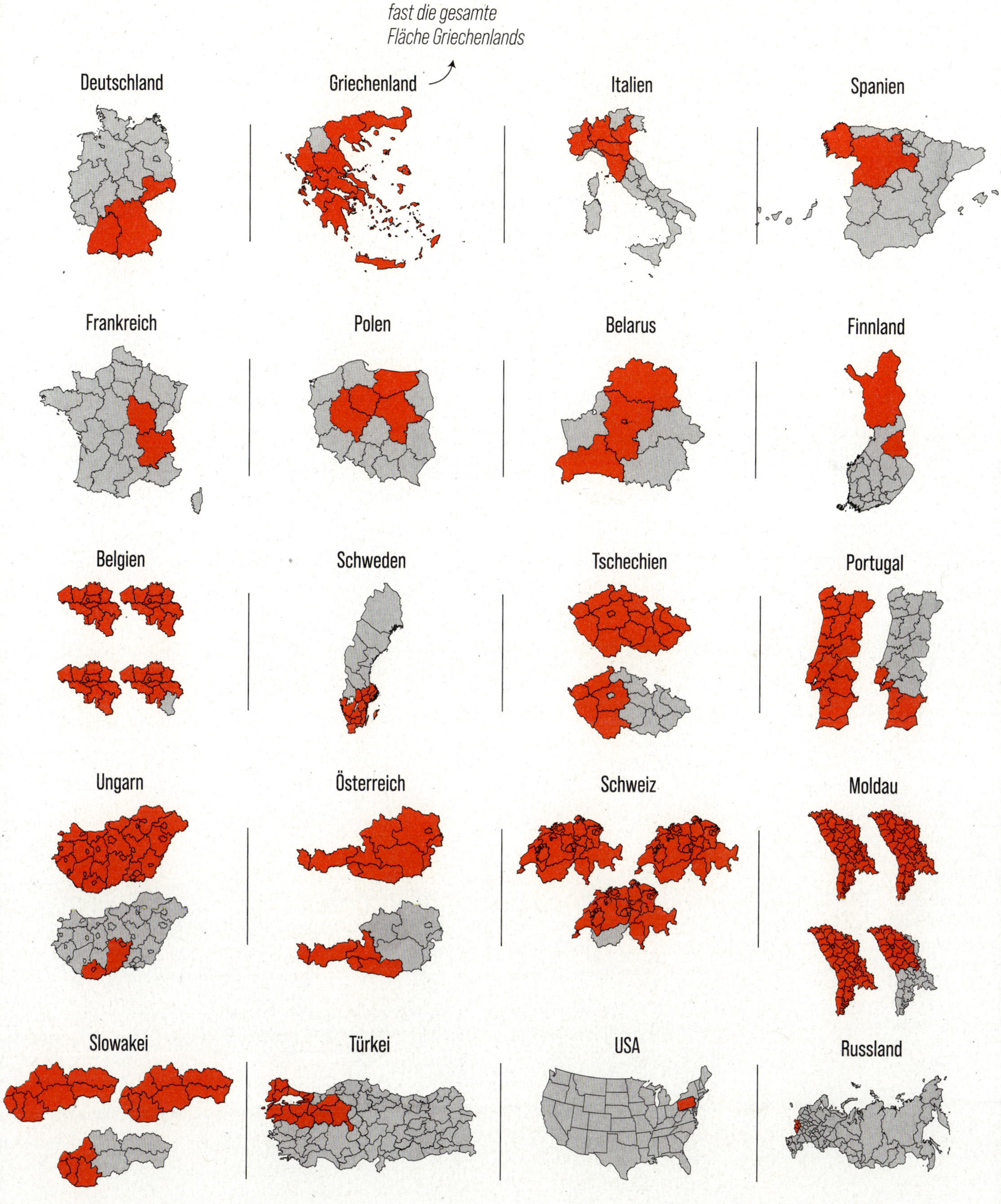
fast die gesamte Fläche Griechenlands
Deutschland
Griechenland
Italien
Spanien
Frankreich
Polen
Belarus
Finnland
Belgien
Schweden
Tschechien
Portugal
Ungarn
Österreich
Schweiz
Moldau
Slowakei
Türkei
USA
Russland

ILLEGALE ABHOLZUNG

Windkraft treibt „Balsafieber“ an

2024 stammten erstmals seit den 1940er-Jahren mehr als 40 Prozent des weltweiten Stroms aus kohlenstoffarmen Quellen – also aus Atomkraft und erneuerbaren Energien. Wind- und Solarenergie zusammen überholten die Wasserkraft, der Anteil der Kernenergie fiel auf den niedrigsten Stand seit 45 Jahren.

Mit dem Ausbau von Windkraftanlagen ist jedoch auch die Nachfrage nach Balsaholz stark gestiegen. Das wird für die Flügel benötigt, auch wenn an Alternativen wie PET-Schaumstoffen geforscht wird. Über 90 Prozent des äußerst leichten Holzes kommen aus Ecuador, Hauptabnehmer ist China. Das Holz für den Export stammt aus Plantagen – aber auch immer mehr aus Wäldern, im Jahr 2020 über die Hälfte.

Dieses „Balsafieber“ führt zu massiver, teils illegaler Abholzung und Umweltzerstörung, insbesondere im Amazonasgebiet, wodurch die Artenvielfalt geschädigt wird. Die Monokulturen der Balsaplantagen beeinträchtigen die Böden und den natürlichen Wasserkreislauf, Sägewerke verschmutzen Flüsse, etwa mit Benzin und Sägemehl, was das Leben und die Gesundheit der indigenen Bevölkerung gefährdet.

Die Balsaindustrie verschärft in den betroffenen Gemeinden auch soziale Probleme: Mehr Geld und mehr Alkohol tragen zu häuslicher Gewalt und sexuellem Missbrauch bei. Viele Menschen arbeiten unter prekären Bedingungen und verdienen nur wenig; sie werden von Zwischenhändlern und illegalen Holzfällern ausgenutzt. Deshalb lehnen viele indigene Gruppen die Balsaernte mittlerweile ab und versuchen, ihre Siedlungsgebiete zu schützen – mit rechtlichen Mitteln oder indem sie Holzfäller vertreiben.

Eingesparte CO_2-Emissionen eines Windrades

Stand 2024

Windenergieanlagen nehmen kein CO_2 auf, wie das etwa der Wald tut. Aber sie vermeiden mit der von ihnen erzeugten Energie die Freisetzung von CO_2 an anderer Stelle. Mit jeder Kilowattstunde, die nicht aus fossilen Brennstoffen erzeugt werden muss, sparen sie die Freisetzung von Treibhausgasen ein. Die Ersparnis wird jeweils anhand des aktuellen deutschen Strommixes berechnet. Dieser enthält derzeit neben erneuerbaren Energien noch Atomstrom und Kohlestrom – die Ersparnis beträgt etwa 0,6 Kilogramm CO_2-Äquivalente je erzeugter Kilowattstunde an Strom aus Windenergie.

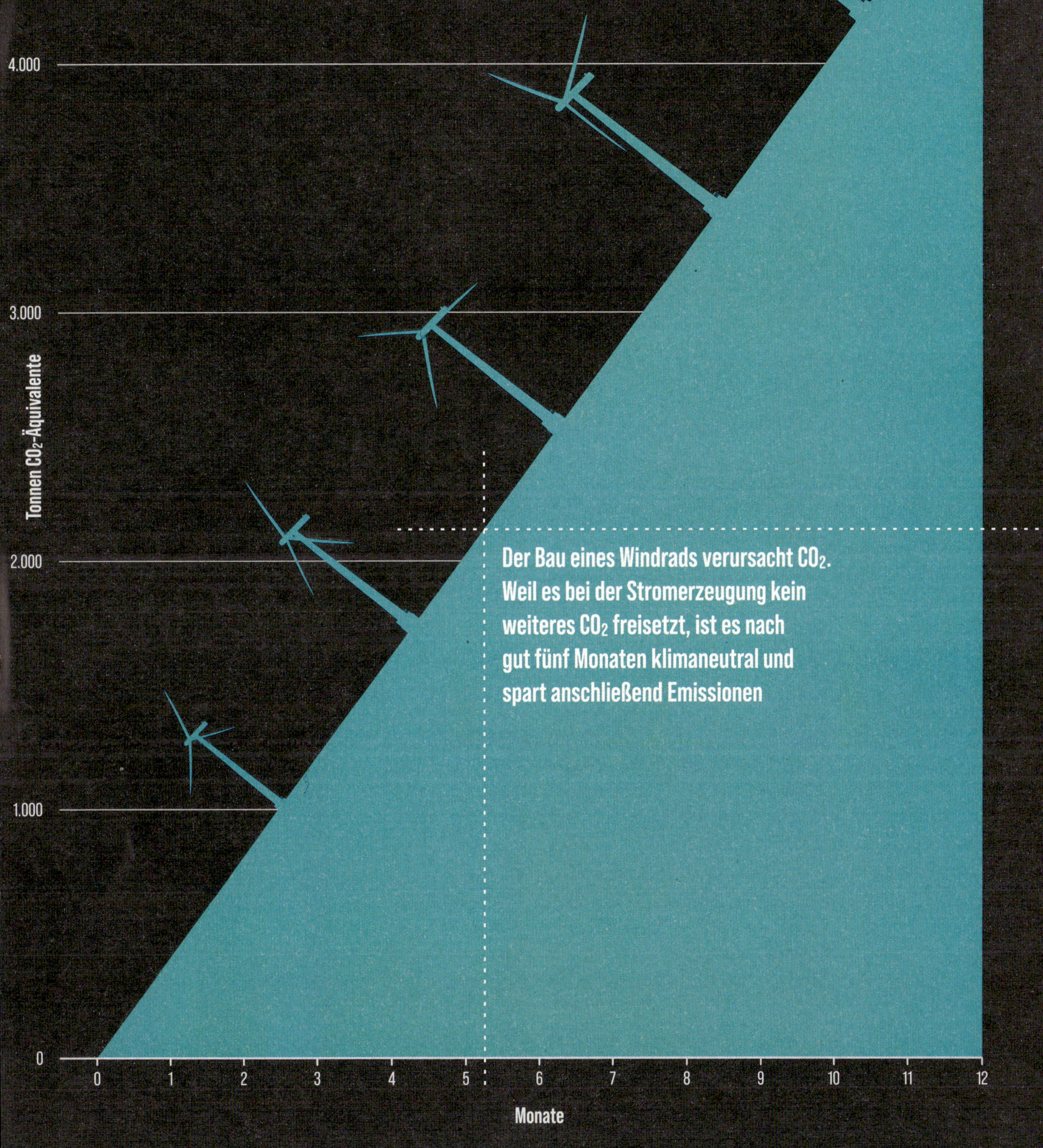

HORRORSTUDIEN

Stanford-Prison-Experiment: Die inszenierte Studie

Ein psychologischer Versuch sorgt weltweit für Aufsehen – noch bevor er überhaupt wissenschaftlich ausgewertet ist. Das Stanford-Prison-Experiment gilt bis heute als Beweis dafür, dass ganz normale Menschen in bestimmten Situationen zu Tätern werden. Doch vieles daran war inszeniert. Eine spätere Studie zeigt: Nicht die Situation allein bestimmt das Verhalten, sondern die Dynamik innerhalb der Gruppe.

VON **STEFANIE MALLEIER**

„Männliche Collegestudenten für psychologische Studie zum Gefängnisleben gesucht. 15 Dollar pro Tag für 1–2 Wochen."[1] Mit dieser Anzeige suchen Philip Zimbardo und sein Team 1971 nach Freiwilligen für ein Experiment, das klären soll, ob die Brutalität von Wärtern in US-Gefängnissen auf sadistische Persönlichkeitsmerkmale oder auf das Gefängnisumfeld zurückzuführen ist.

75 Freiwillige melden sich. Nach mehreren Auswahltests und Interviews werden 24 Männer als körperlich und psychisch geeignet eingestuft, davon nehmen 21 am Experiment teil – zehn übernehmen die Rolle der Gefangenen, elf die der Wärter. Schauplatz des Versuchs: der Keller des Psychologischen Instituts der Universität im kalifornischen Stanford.

Das Experiment beginnt mit der inszenierten „Festnahme" der Gefangenen. Sie werden von der örtlichen Polizei aus ihren Wohnungen abgeführt – ohne Vorwarnung, um die Situation möglichst realistisch zu gestalten. In der nachgebauten Gefängnisumgebung erhalten sie Häftlingskleidung und werden fortan nur noch mit den ihnen zugewiesenen Nummern angesprochen. Die Wärter erhalten Uniformen, verspiegelte Sonnenbrillen, Schlagstöcke – und die Anweisung, ohne körperliche Gewalt alles Nötige zu tun, um für Ordnung zu sorgen.[2]

„Du kannst nicht aussteigen"

Bereits in der ersten Nacht peinigen die Wärter die Gefängnisinsassen mit Schlafentzug und Schikanen. Noch vor Ablauf von 24 Stunden kommt es zum Aufstand: Die Gefangenen verbarrikadieren ihre Zellen. Die Rebellion markiert einen Wendepunkt – die Wärter reagieren mit Härte: Sie dringen mit Gewalt in die Zellen ein, entkleiden die Insassen, entfernen die Betten und stecken die Anführer in Einzelhaft.

Die erste Revolte kann erfolgreich niedergeschlagen werden – doch eine neue Strategie muss her, um weitere Aufstände zu verhindern. Die Lösung: Zermürbung statt Gewalt. Die Wärter beginnen, die Häftlinge systematisch gegeneinander auszuspielen. Das Misstrauen unter den Gefangenen wächst, gleichzeitig erstarkt der Zusammenhalt der Wärter.[3]

Die Methode zeigt Wirkung. Die Gefangenen fügen sich zunehmend ihrem Schicksal. Richard Yacco, einer der Gefangenen, sagt später in einem Interview: „Als ich [Zimbardos Team] fragte, was ich tun könne, wenn ich aussteigen wolle, sagte man mir: ‚Du kannst nicht aus-

(1) Ratnesar, Romesh: The Menace Within, auf: stanfordmag.org (Juli/August 2011).

(2) McLeod, Saul: Stanford Prison Experiment, auf: simplypsychology.org (6.5.2025).

(3) Zimbardo, Philip G.: 5. Rebellion, auf: prisonexp.org.

(4) Ratnesar 2011.

(5) Bregman, Rutger: Im Grunde gut, 10. Aufl., Hamburg 2021, S. 169.

Atlas der Straflosigkeit

Die Beratungsfirma Eurasia Group bewertet jedes Land anhand von fünf Dimensionen der Straflosigkeit auf einer Skala von 0 bis 5 – unverantwortliche Regierungsführung, Menschenrechtsverletzungen, wirtschaftliche Ausbeutung, Konflikte und Gewalt sowie Umweltzerstörung. Die Länder mit dem höchsten Maß an Straflosigkeit liegen näher an 5 und die Länder mit dem geringsten Maß an Straflosigkeit näher an 0.

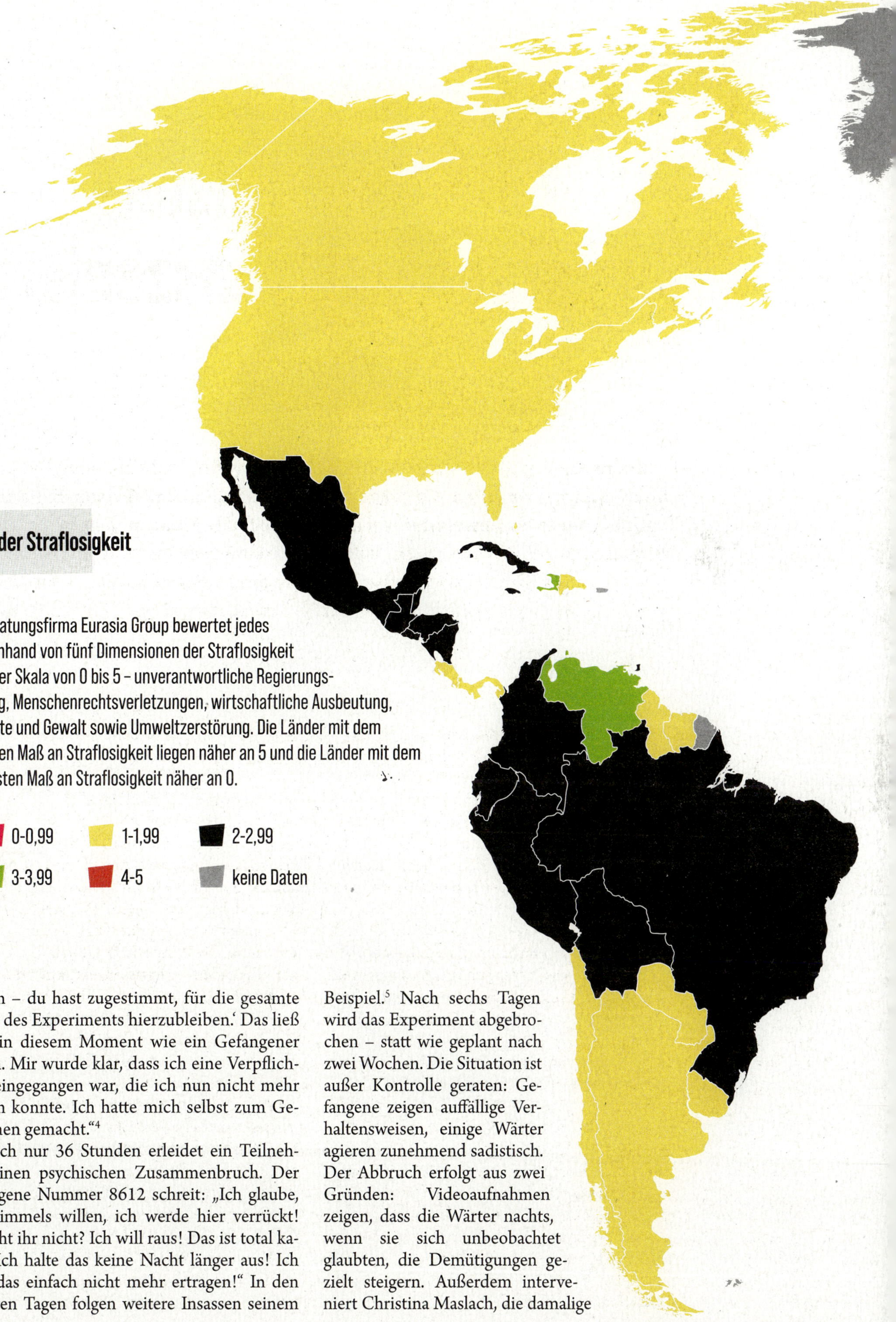

steigen – du hast zugestimmt, für die gesamte Dauer des Experiments hierzubleiben.‘ Das ließ mich in diesem Moment wie ein Gefangener fühlen. Mir wurde klar, dass ich eine Verpflichtung eingegangen war, die ich nun nicht mehr ändern konnte. Ich hatte mich selbst zum Gefangenen gemacht.“[4]

Nach nur 36 Stunden erleidet ein Teilnehmer einen psychischen Zusammenbruch. Der Gefangene Nummer 8612 schreit: „Ich glaube, um Himmels willen, ich werde hier verrückt! Versteht ihr nicht? Ich will raus! Das ist total kaputt! Ich halte das keine Nacht länger aus! Ich kann das einfach nicht mehr ertragen!“ In den nächsten Tagen folgen weitere Insassen seinem Beispiel.[5] Nach sechs Tagen wird das Experiment abgebrochen – statt wie geplant nach zwei Wochen. Die Situation ist außer Kontrolle geraten: Gefangene zeigen auffällige Verhaltensweisen, einige Wärter agieren zunehmend sadistisch. Der Abbruch erfolgt aus zwei Gründen: Videoaufnahmen zeigen, dass die Wärter nachts, wenn sie sich unbeobachtet glaubten, die Demütigungen gezielt steigern. Außerdem interveniert Christina Maslach, die damalige

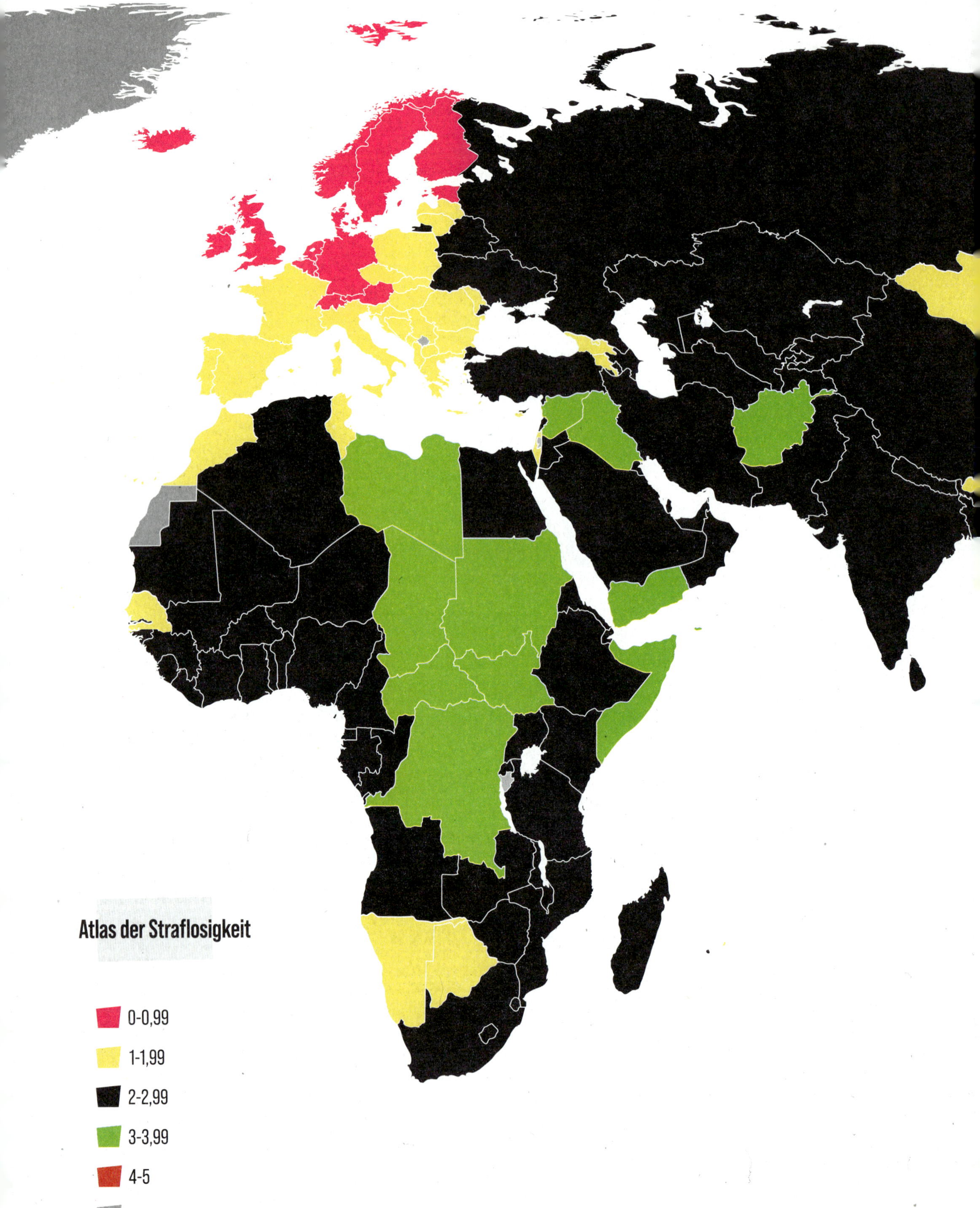
Atlas der Straflosigkeit
0-0,99
1-1,99
2-2,99
3-3,99
4-5
keine Daten

Partnerin Zimbardos. Als einzige Außenstehende stellt sie das Geschehen offen infrage.

Am letzten Tag organisiert das Team Gesprächsrunden mit den Beteiligten. Es geht um Aufarbeitung, Reflexion und Austausch: Welche Alternativen hätten bestanden? Wie kann man in künftigen Situationen Machtmissbrauch erkennen – und ihm widerstehen?[6]

„Es kam mir nie in den Sinn, dass ich ein Gefängnis betrat“

Der Versuch erlangt als „Stanford-Prison-Experiment“ internationale Bekanntheit. Die Öffentlichkeit sei fasziniert von der Frage, wie „ganz normale Studenten zu so schrecklichen Taten fähig sein können, wenn sie in eine solche Situation geraten“, so Zimbardo.[7] Seine Antwort: Die Probanden verhielten sich nicht wie Monster, weil sie grundsätzlich böse seien, sondern weil die Situation ihr Verhalten negativ beeinflusse.[8] Neben großem medialen Interesse wird früh auch Kritik laut. Eine Untersuchung der American Psychological Association kommt zwar zu dem Schluss, dass das Experiment den damals geltenden berufsethischen Standards entsprochen hat – dennoch gilt es bis heute als umstritten.[9]

Methodisch fällt auf: Zimbardo übernimmt im Experiment eine doppelte Rolle – als wissenschaftlicher Studienleiter und zugleich als Gefängnisdirektor. Er setzt den Ton, beeinflusst Abläufe. Kritiker:innen argumentieren, Zimbardos aktive Beteiligung und seine Ermutigung der Wärter, für die Gefangenen ein Klima der Machtlosigkeit zu schaffen, habe – wenn auch unbeabsichtigt – zu den beobachteten Übergriffen beigetragen. Auch Zimbardo selbst bewertet seine Position später kritisch: „Ich war bereits in die Rolle des Gefängnisdirektors (...) hineingerutscht oder bin zu ihm geworden. Und in dieser Rolle war ich nicht mehr der Studienleiter, der sich um Ethik sorgt. (...) Ein Schwachpunkt des Experiments war, dass diese beiden Rollen nicht getrennt wurden.“

(6) Zimbardo, Philip G.: 8. Conclusion, auf: prisonexp.org.

(7) Ratnesar 2011.

(8) Bregman 2021, S. 170.

(9) Ratnesar 2011.

(10) McLeod 2025.

(11) Ratnesar 2011.

(12) Bregman 2021, S. 182.

(13) McLeod 2025 / Le Texier, Thibault: Debunking the Stanford Prison Experiment, in: American Psychologist 74(7) 2019, S. 11.

(14) Carnahan, Thomas; McFarland, Sam: Revisiting the Stanford Prison Experiment: Could Participant Self-Selection Have Led to the Cruelty?, in: Personality and Social Psychology Bulletin 33 (2007), S. 603.

Neben der Studienleitung steht auch die Zusammensetzung der Teilnehmer:innen in der Kritik: fast ausschließlich weiße, gebildete Männer aus der amerikanischen Mittelschicht, die die Lebensrealität von echten Gefangenen und Wärtern nur unzureichend repräsentieren. Auch die Glaubwürdigkeit ihres Verhaltens wird infrage gestellt. Wie viel davon war authentisch – und wie viel gespielt?[10] So gab Dave Eshelman, der während des Experiments durch besondere Brutalität auffiel, später an, bewusst eine Rolle gespielt zu haben – inspiriert von einer Figur aus dem Film *Der Unbeugsame*.[11]

Auch Douglas Korpi, der Gefangene Nummer 8612, räumte später ein, seinen Nervenzusammenbruch simuliert zu haben, um das Experiment vorzeitig verlassen zu dürfen.[12] Kritiker:innen betonen: Trotz Zellen, Uniformen und Requisiten blieb das Setting eine künstliche Umgebung – und damit weit entfernt vom realen Gefängnisalltag. Das war auch den Gefangenen bewusst. „Es kam mir nie in den Sinn, dass ich ein Gefängnis betrat", so Clay Ramsay, der Gefangene Nummer 416, später.[13]

Studie zutiefst fehlerhaft

Schon die Formulierung „Gefängnisleben" in der ursprünglichen Zeitungsanzeige könnte das Verhalten der Probanden beeinflusst haben. Eine spätere Untersuchung der Psychologen Thomas Carnahan und Sam McFarland anhand von zwei Zeitungsanzeigen mit unterschiedlichem Wortlaut zeigt: Diejenigen, die glaubten, an einer Gefängnisstudie teilzunehmen, wiesen signifikant höhere Werte bei den psychischen Merkmalen Aggressivität, Autoritarismus, Machiavellismus, Narzissmus und sozialer Dominanz auf und erzielten niedrigere Werte bei Empathie und Altruismus.[14]

Überraschenderweise beantragte erst nach über 40 Jahren erstmals jemand Zugang zum Archivmaterial: Das Experiment hatte den französischen Soziologen und Filmemacher Thibault Le Texier beeindruckt, er wollte darüber einen Dokumentarfilm drehen. Was er fand, änderte seine Meinung über den Versuch grundlegend.[15]

In einem Artikel für die Fachzeitschrift *American Psychologist* geißelt er das Stanford-Prison-Experiment als „eine zutiefst fehlerhafte Studie, die besser früh in Vergessenheit geraten wäre".[16] Seine Analyse belegt unter anderem: Die Wärter handelten nicht spontan gewalttätig. Sie erhielten die klare Anweisung, „hart" aufzutreten.[17] Die Eskalation folgte also nicht zwangsläufig aus der Situation, sondern wurde künstlich erzeugt. Le Texier kritisiert auch die lückenhafte Datenlage. Am dritten Tag des Experiments wurden beispielsweise gar keine Daten erhoben – das Forschungsteam war damit beschäftigt, einen angeblich geplanten Ausbruch der Gefangenen zu verhindern, der sich später als Gerücht herausstellte.[18]

(15) Bregman 2021, S. 178.

(16) Le Texier 2019, S. 14.

(17) Ebd., S. 5.

(18) Ebd., S. 12.

(19) Ebd., S. 13.

(20) Bregman 2021, S. 182.

(21) Le Texier 2019, S. 13.

(22) Ebd., S. 14.

(23) BBC (Hg.): The end, auf: bbcprisonstudy.org (2008) / BBC (Hg.): Ethical safeguards, auf: bbcprisonstudy.org (2008) / BBC (Hg.): Dividing into prisoners and guards, auf: bbcprisonstudy.org (2008).

Empfinden eines „Wir-Gefühls"

Basierend auf Daten der *BBC Prison Study*, gemessen auf einer Skala von 1 (geringe Zugehörigkeit) bis 7 (starke Zugehörigkeit). Die Grafik zeigt, in welchem Ausmaß die Teilnehmenden ihrer Gruppe Zugehörigkeit, Verbundenheit und Solidarität zuschreiben.

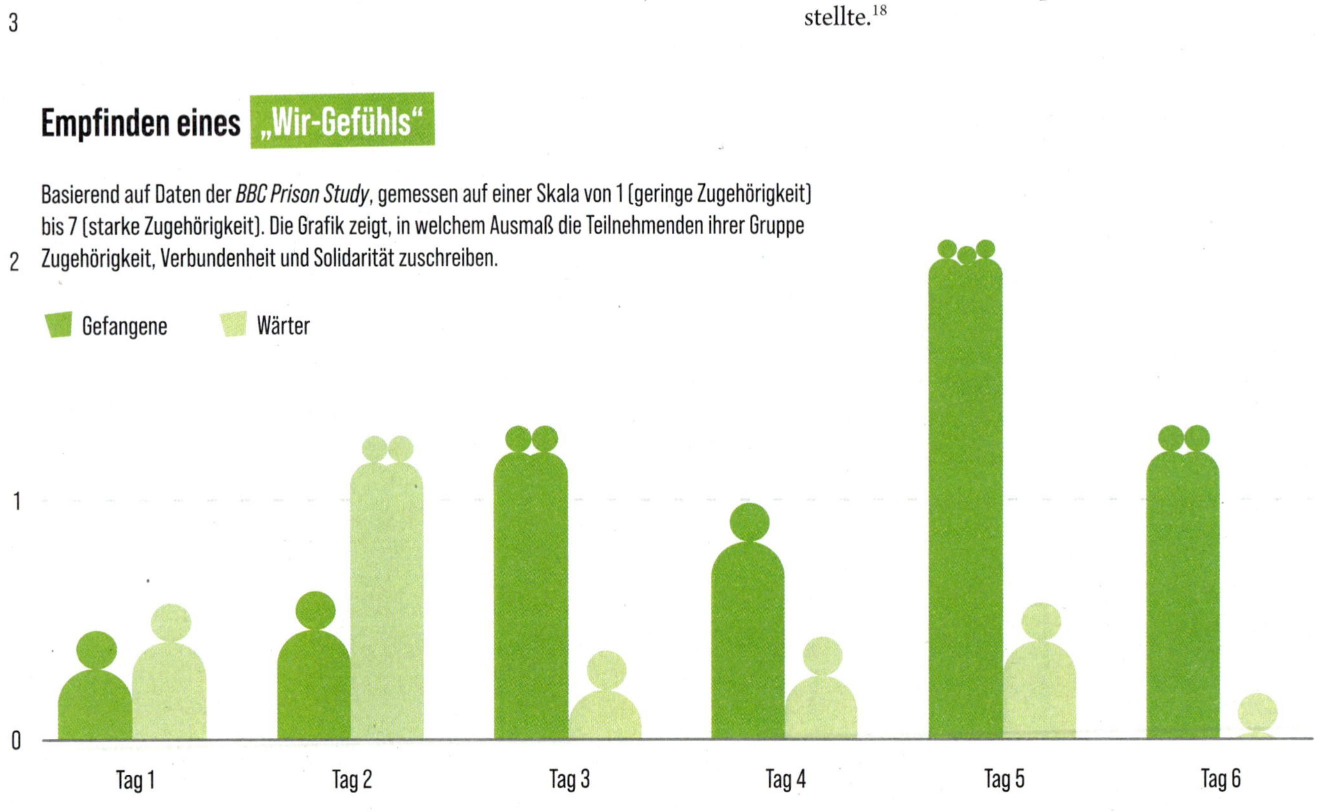

Wie konnte eine derart fehlerhafte Studie dennoch weltweite Bekanntheit erlangen? Laut Le Texier war das unter anderem Philip Zimbardo selbst geschuldet, der das Stanford-Prison-Experiment in die Öffentlichkeit rückte.[19] Noch bevor es überhaupt ausgewertet war, verschickte er Bilder an Fernsehsender.[20] Dabei stellte er sein Experiment häufig spektakulärer dar, als es eigentlich war. Die Studie sei wie „ein griechisches Drama", so Zimbardo.[21]

Ein weiterer – und möglicherweise der interessanteste – Grund für die jahrzehntelange Unantastbarkeit des Versuchs liegt laut Le Texier in einem bemerkenswerten Desinteresse: Fast fünfzig Jahre lang sichtete niemand das Archivmaterial – obwohl das Experiment bereits früh kritisiert worden war.[22]

Britische Wiederholungsstudie kommt zu wichtiger Erkenntnis

Die Debatte zeigt, wie hartnäckig sich eingängige Narrative halten – und wie wichtig öffentliche Korrekturen sind. Drei Jahrzehnte nach Stanford entsteht ein Gegenentwurf des Experiments. 2001/2002 realisieren die britischen Sozialpsychologen Alexander Haslam und Stephen Reicher im Auftrag der *BBC* eine Gefängnissimulation. Gleiches Thema, anderes Design: Ein unabhängiges Ethikkomitee überwacht das Experiment, die Abläufe werden transparent dokumentiert und zwei Psychologen sowie Rettungssanitäter und Sicherheitskräfte begleiten den Versuch. Die Teilnehmer werden wieder ähnlich ausgewählt: Eine Anzeige in britischen Zeitungen wirbt Männer für die Studie an, dieses Mal jedoch, ohne das Gefängnisleben zu erwähnen. Nach umfassenden psychologischen Tests und Interviews werden 15 Männer ausgewählt – fünf Wärter, zehn Gefangene –, die für acht Tage in ihre jeweiligen Rollen schlüpfen.[23]

Das Ergebnis der BBC-Studie widerspricht dem Stanford-Narrativ. Die Wärter identifizieren sich kaum mit ihrer Rolle, scheuen harte Maßnahmen, verlieren Autorität. Die Gefangenen dagegen bauen Schritt für Schritt ein „Wir" auf: Sie formulieren Regeln, definieren gemeinsame Ziele, unterstützen einander. Am Ende formen sie eine solidarische Gruppe.

Tyrannei, so zeigt die Studie, ist kein situationsbezogener Automatismus. Haslam und Reicher erklären dies damit, dass Rollen erst dann wirken, wenn Menschen sie zu einem Teil ihrer Identität machen. Es ist ein Unterschied, ob eine Rolle von außen auferlegt wird – oder ob jemand denkt: „Das bin ich." Im Studienkontext lässt sich feststellen: Gemeinsame Identität schafft gemeinsame Werte und Ziele – eine kollektive

(24) BBC (Hg.): Roles and identities, auf: bbcprisonstudy.org (2008) / BBC (Hg.): Identity, organization and power, auf: bbcprisonstudy.org (2008) / BBC (Hg.): The psychology of tyranny, auf: bbcprisonstudy.org (2008).

(25) Ebd.

(26) Haslam, Alexander; Reicher, Stephen: Contesting the "Nature" Of Conformity: What Milgram and Zimbardo's Studies Really Show, auf: journals.plos.org (20.11.2012).

Empfinden von Depression

Basierend auf Daten der *BBC Prison Study*, gemessen auf einer Skala von 1 (nicht depressiv) bis 7 (stark depressiv). Die Grafik zeigt den durchschnittlichen Wert, den die Teilnehmenden für ihre Stimmung angaben.

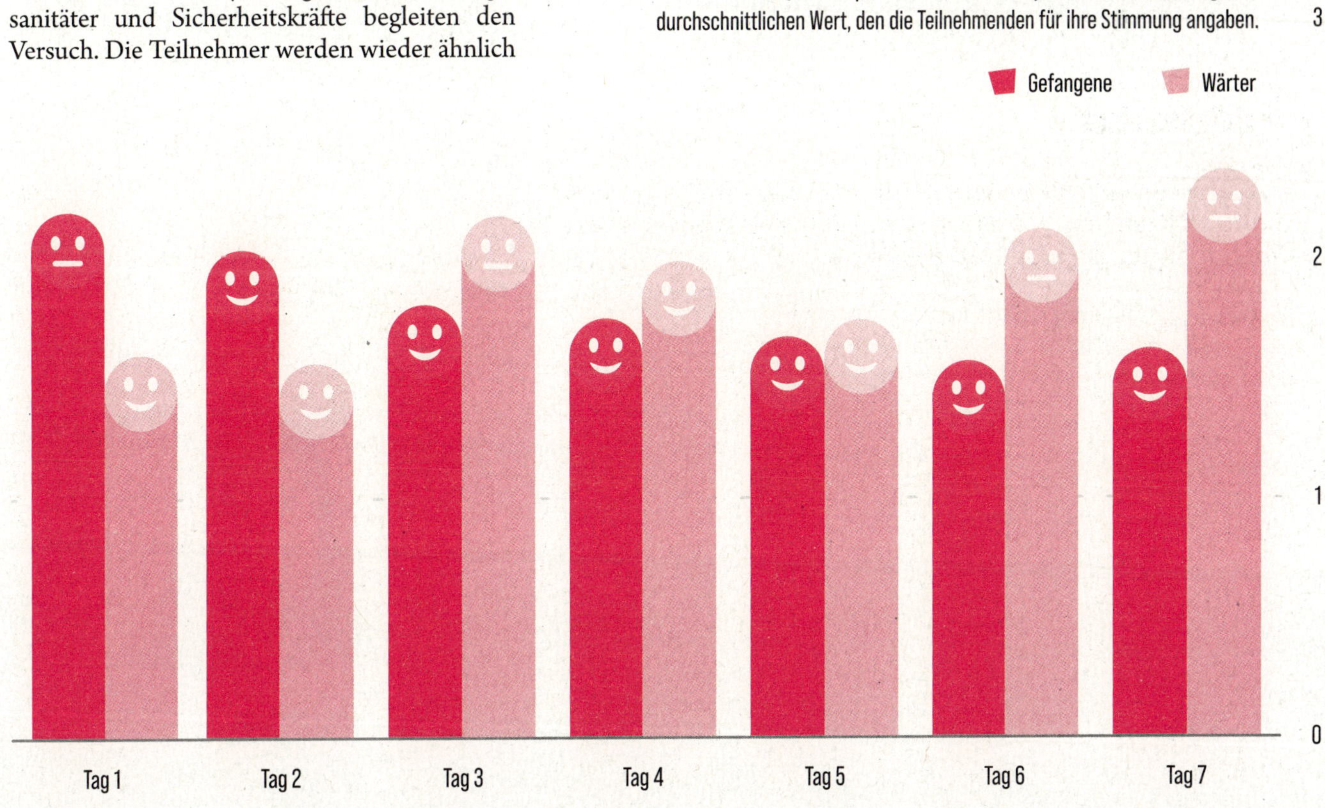

Selbstverwirklichung. Sie erzeugt Respekt und gegenseitige Unterstützung. Das wirkt auf einer psychologischen Ebene, sorgt für weniger Stress, weniger Niedergeschlagenheit, selbst unter harten Bedingungen. Bei den Gefangenen führte eine gemeinsame Identität dazu, dass sie sich als Gruppe organisierten und an Einfluss gewannen. Umgekehrt führte der Mangel an Zusammenhalt bei den Wärtern zu Erschöpfung und Frust.[24]

Die vielleicht wichtigste Erkenntnis: Welche Richtungen Gruppen einschlagen, hängt maßgeblich von ihrem Erfolg ab. Wenn Gruppen scheitern, steigt die Anfälligkeit für einfache Lösungen – auch für autoritäre. In solchen Momenten wächst die Bereitschaft, einer starken Führungsfigur zu folgen. Laut Haslam und Reicher sollte die Antwort auf Tyrannei kein generelles Misstrauen gegenüber Macht sein, sondern der verantwortliche, demokratische Umgang damit. So ließen sich autoritäre Dynamiken eindämmen.[25]

Was bedeutet das jenseits des Studienumfelds? Für Staaten, Polizei, Militär, Gefängnisse – aber auch für Unternehmen und Institutionen – ist entscheidend, welcher Rahmen für Macht geschaffen wird. Welche „Wir-Geschichte" erzählt wird.

Empfinden von Führungsverhalten

Basierend auf Daten der *BBC Prison Study*, gemessen auf einer Skala von 1 (kein erkennbarer Anführer) bis 7 (klarer Anführer vorhanden). Die Grafik zeigt den durchschnittlichen Grad, in dem die Teilnehmenden Führungsverhalten wahrnahmen.

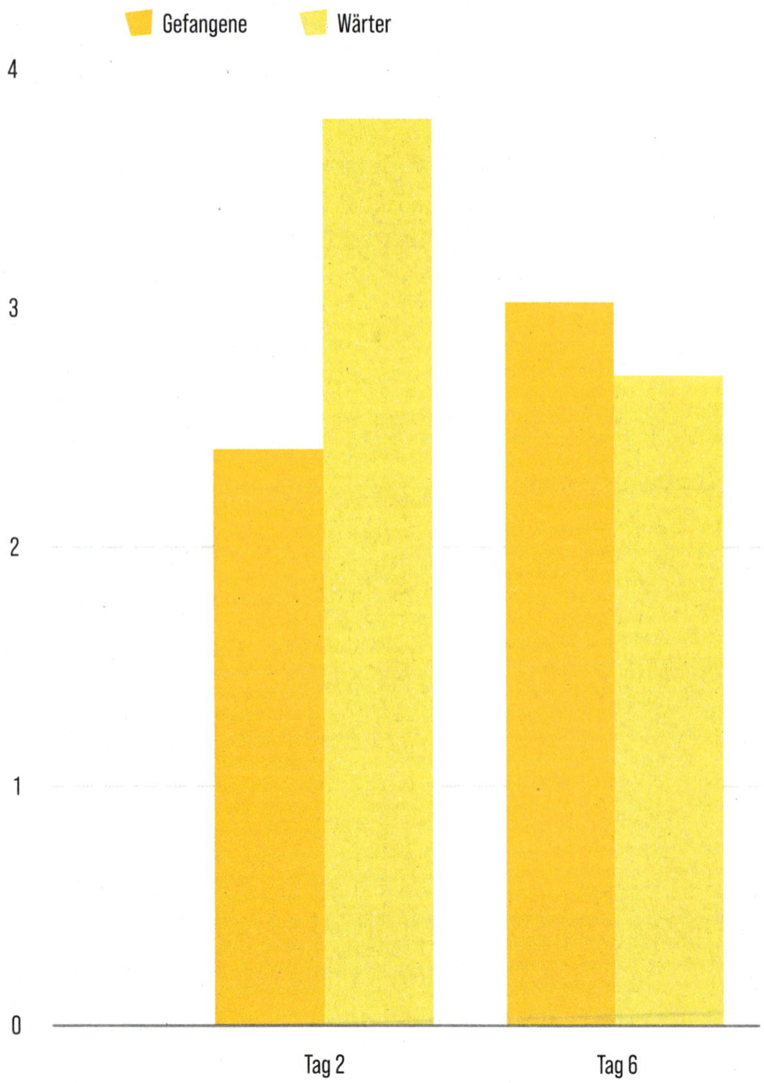

Tyrannei entsteht nicht, weil Menschen von Natur aus grausam sind

In einem Artikel aus dem Jahr 2012 schreiben Haslam und Reicher über den NS-Verbrecher Adolf Eichmann: „Was an Eichmann wirklich erschreckend war, war nicht, dass er nicht wusste, was er tat, sondern dass er wusste, was er tat, und es für richtig hielt. Sein einziges Bedauern, das er vor seinem Prozess äußerte, bestand darin, nicht noch mehr Juden getötet zu haben."

Tyrannei, so die These der Sozialpsychologen, entsteht nicht, weil Menschen von Natur aus grausam sind, oder weil eine Situation das „Böse" in ihnen weckt. Sie entsteht, wenn Autoritäten Unterdrückung als sinnvoll darstellen – und wenn Menschen diese Sichtweise übernehmen. Diese Überzeugung treibt sie an. Im Stanford-Prison-Experiment wurden beispielsweise gewalttätige Handlungen als Beitrag zu etwas Gutem gerahmt, etwa zu wissenschaftlichem Fortschritt. Statt der „Natur" des Menschen sollte also sein Umfeld in den Mittelpunkt gerückt werden – und wie es sein Verhalten formt.[26]

STEFANIE MALLEIER
KATAPULT

Trock'ne Zahlen

Jährlich benötigtes Geld, um den Welthunger zu beenden, in Milliarden Euro

93

Gesamtvermögen der reichsten Milliardär:innen (2025), in Milliarden Euro

13.600

Quellen: welthungerhilfe.de; forbes.com

FRAGMENTE

EU-DIGITALSTRATEGIE

Flächendeckend online bis 2030

Wo gibt es weltweit das schnellste WLAN? In Singapur. Das überrascht wenig, denn die hochmoderne Metropole mit Schwerpunkt auf Forschung ist auf besonders schnelle Verbindungen angewiesen. Und auf Platz zwei? Folgt Chile. In dem südamerikanischen Land läuft es deutlich besser als in den meisten Ländern der EU. Dabei soll in den Mitgliedstaaten bis zum Jahr 2030 in bewohnten Gebieten flächendeckend ein 5G-Netz existieren. So steht es in einem Strategiepapier, das die EU-Kommission im März 2021 vorstellte. Außerdem, so der Plan, sollen bis 2030 rund 80 Prozent der Erwachsenen über grundlegende digitale Kompetenzen verfügen und alle relevanten öffentlichen Dienstleistungen online abgewickelt werden können. Grund für die Neuausrichtung war die Corona-Pandemie. Probleme in Homeoffice und Homeschooling legten den Bedarf offen, bei der Digitalisierung aufzuholen. Ob die Umsetzung gelingt, überprüft die Kommission jährlich in einem Fortschrittsbericht.

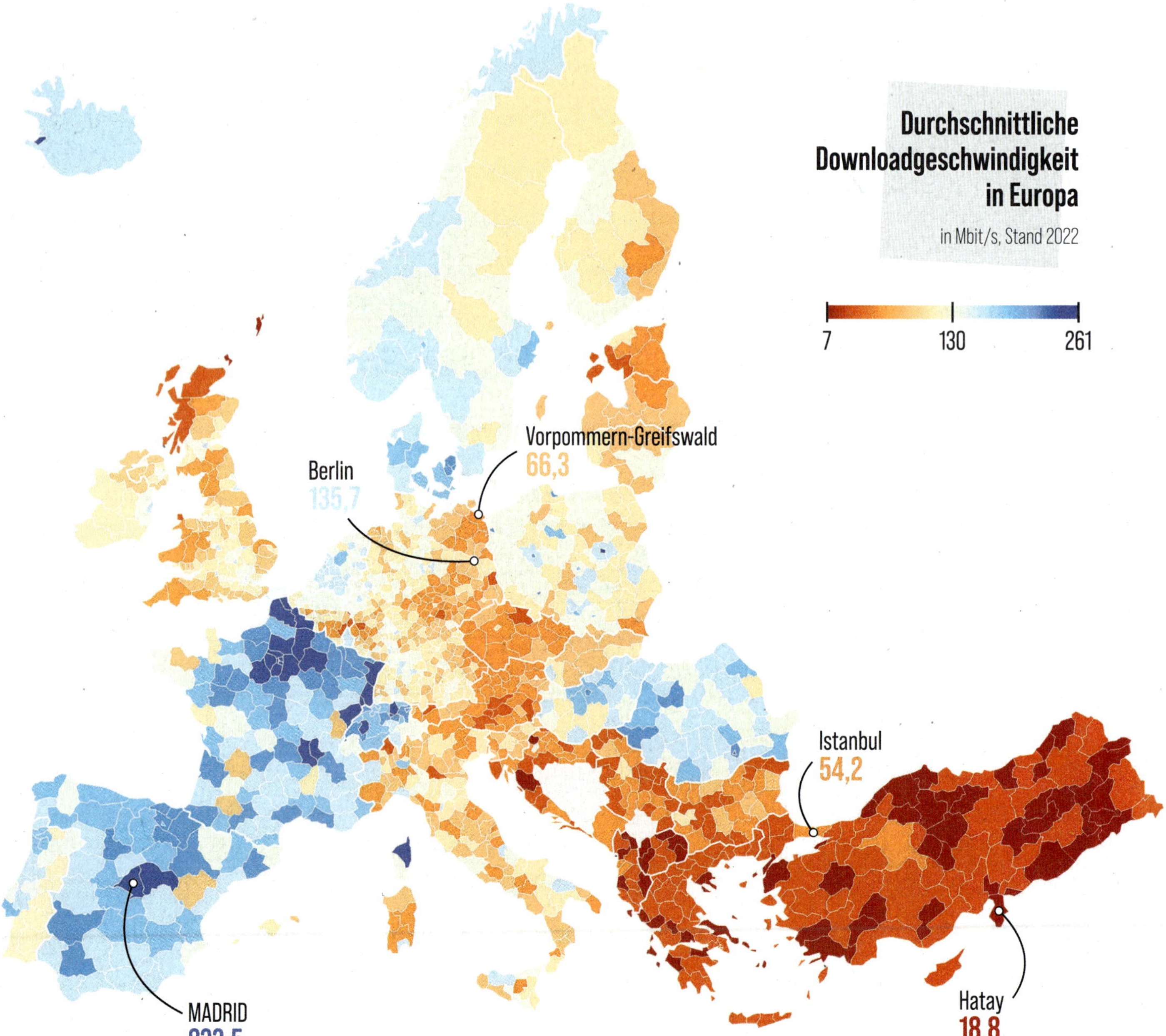

Zustimmung mit Vorbehalten

Aktuelle Umfragen belegen: Die Zustimmung zur Europäischen Union ist in den meisten potenziellen Beitrittsländern sehr hoch. In Albanien etwa befürworten 91 Prozent der Menschen eine EU-Mitgliedschaft, in Montenegro 64 Prozent und in Nordmazedonien 69 Prozent. Auch in Georgien (74 Prozent), Moldau (68 Prozent) und der Ukraine (68 Prozent) ist die Unterstützung hoch. Anders in Serbien: Dort sprechen sich nur 33 Prozent für einen EU-Beitritt aus.

Die Umfrage zeigt auch, wie die Bevölkerung die Beziehungen zur EU einschätzt. In fast allen Ländern gilt die Union als vertrauenswürdigster internationaler Akteur. Die befragten Bürger:innen bewerten das Verhältnis ihres Landes zur EU mehrheitlich positiv. Nur in Serbien überwiegt Skepsis – 60 Prozent der Befragten haben ein neutrales bis negatives Bild von der EU.

Und wie blicken die EU-Mitgliedstaaten auf eine Erweiterung der Union? Laut den *Eurobarometer*-Daten positiv. 56 Prozent der EU-Bürger:innen sind für eine Erweiterung, sofern die Kandidaten die Bedingungen erfüllen, und sind davon überzeugt, dass auch das eigene Land davon profitieren würde – etwa durch einen größeren Binnenmarkt, neue Jobs, mehr Sicherheit und eine stärkere Rolle Europas in der Welt.

Doch es gibt auch Vorbehalte: Gut ein Drittel der Bürger:innen sorgt sich wegen unkontrollierter Migration, Korruption, Kriminalität und Kosten, die den europäischen Steuerzahler:innen entstehen. Rechtsstaatlichkeit, Korruptionsbekämpfung und der Schutz von Grundrechten müssten zentrale Voraussetzungen für eine Aufnahme neuer Mitglieder bleiben.

67 Prozent der Befragten geben zudem an, sich schlecht über eine Erweiterung informiert zu fühlen. Die EU-Kommission will deshalb die Bürger:innen stärker einbeziehen und transparenter über die Vorteile und Bedingungen einer Erweiterung aufklären.

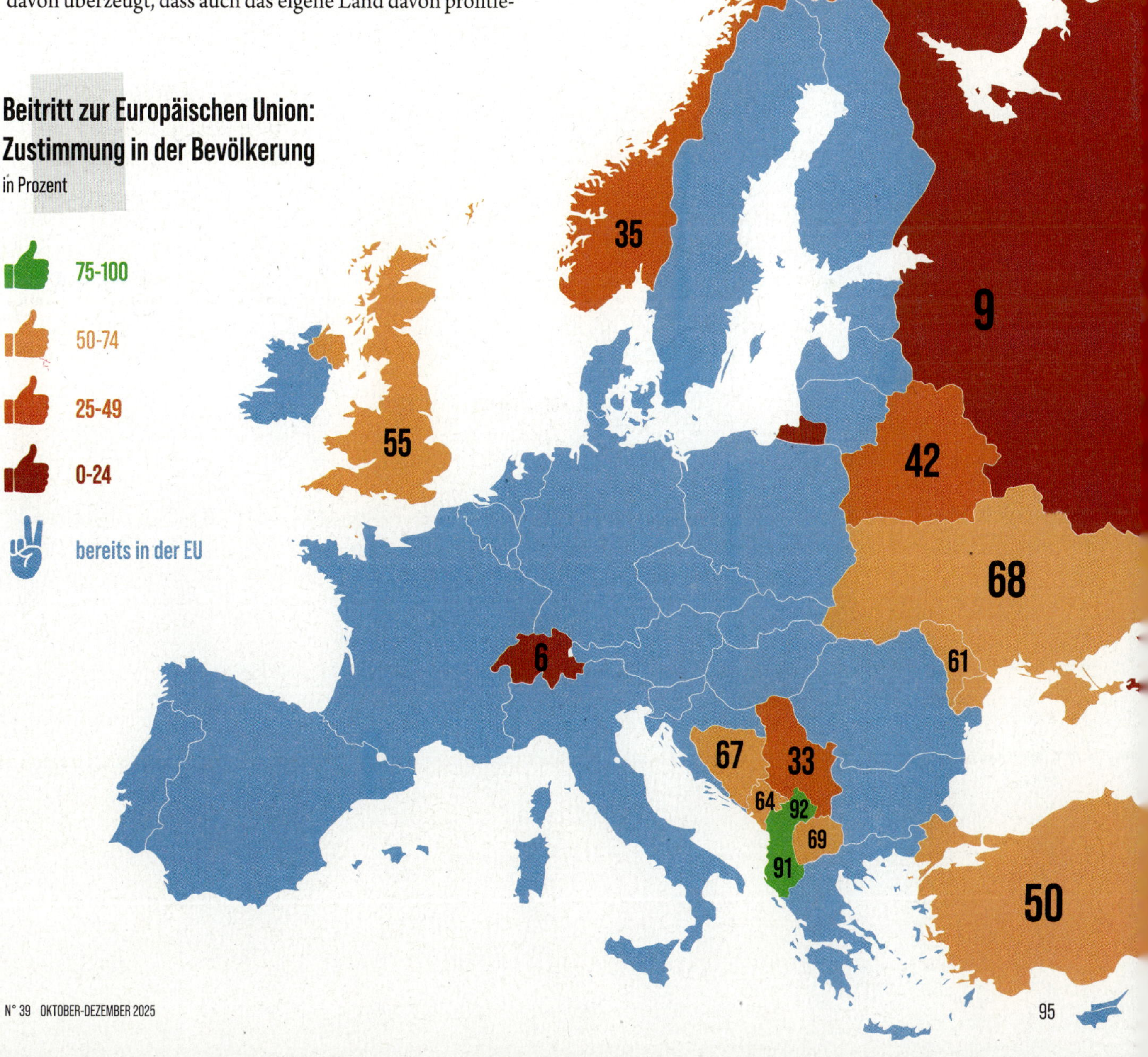

IMPRESSUM

KATAPULT-MAGAZIN
Katapult-Magazin gGmbH,
Wilhelm-Holtz-Straße 9, 17489 Greifswald

REDAKTION & GRAFIK
Burak Başkaya, Öykü Başkaya, Ole Bohm,
Ella Daum, Jonathan Dehn, Tim Ehlers,
Benjamin Fredrich, Alexander Fürniß,
Alania Gonzalez, Anna Hansen, Andrea Köster,
Dana Lungmuss, Stefanie Malleier,
Cornelia Schimek, Jette Schramm,
Jan Dirk Spijker

LEKTORAT UND SCHLUSSREDAKTION
Philipp Bauer

LAYOUT
Burak Başkaya, Tim Ehlers,
Jan Hahnenkamp, Dana Lungmus

ABOSERVICE
Jan Erikson, Andreas Portugal, Jan Dirk Spijker
+49 176 5699 8944 (Mo–Fr 9–16 Uhr),
abo@katapult-magazin.de

AUFLAGE
80.000

DRUCK
Westermann DRUCK | pva

VERTRIEB
IPS Pressevertrieb GmbH

HERAUSGEBER UND GESCHÄFTSFÜHRER
Benjamin Fredrich, verantwortlich
gemäß §18 Abs. 2 MStV

ISBN 978-3-68972-017-9
ISSN 2509-3053

PRAKTIKER:INNEN
Nataliia Dziuba, Lutz Fredrich,
Andreas Portugal, Sergey Shykolai

ORGATEAM
Sebastian Beyer, Iris Fredrich,
Diana Kasten Pank, Mike Kurth-von Hasseln

PROGRAMMIERUNG & IT
Jan Erikson, Dirk Reske

KATAPULT MV
Philipp Bauer, Lilly Biedermann, Louise Bloß,
Victoria Flägel, Patrick Hinz, Schorle Krüger,
Erik Tove Zillmann

KATAPULT-BUCHVERLAG
Kristin Gora, Felix Lange, Mara Sprengel,
Leo Walther, Sebastian Wolter

GEOPOLITIK-MAGAZIN PULTU
Burak Başkaya, Öykü Başkaya, Ole Bohm, Jette
Schramm, Birger Schütz, Fabian Sommavilla

KATAPULT SACHSEN
Benjamin Fredrich, Emily Heisig, Yvonne Schmidt,
Tim Schulz, Katrin Tominski, Aaron Troebs

KATAPULT-BUCHHANDEL CHEMNITZ
Fürstenstraße 19, 09130 Chemnitz
geöffnet Montag bis Samstag von
10 bis 18 Uhr

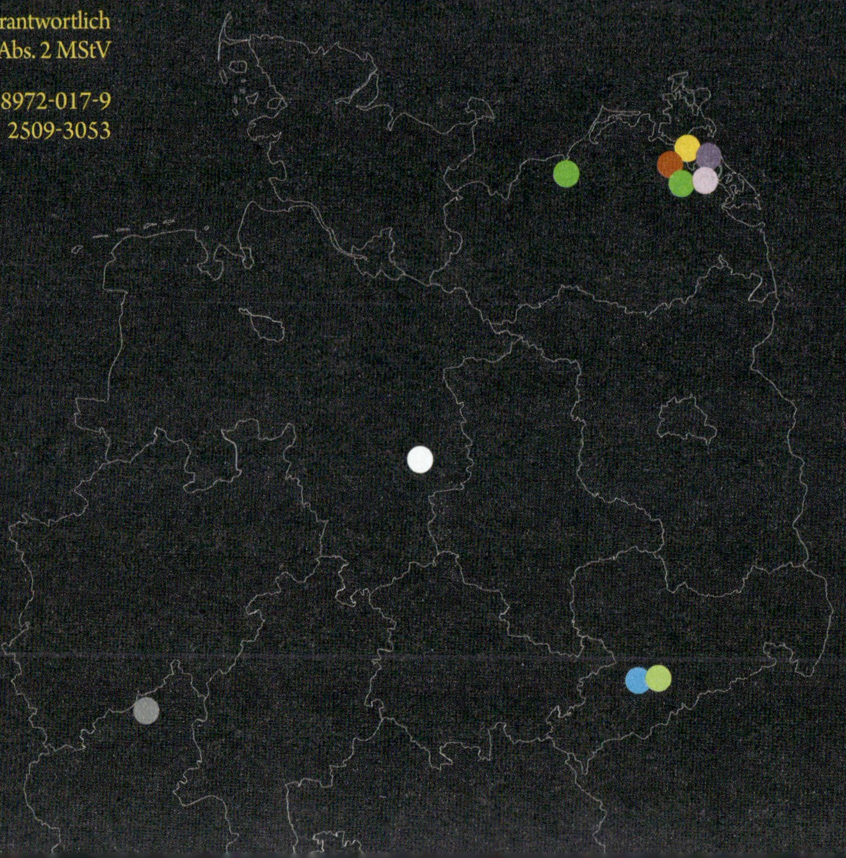

Quellen zu den Karten und Grafiken

- **Wie viele Stunden schlafen Tiere am Tag? (S. 12):** kosmos.de; wwf-jugend.de; cell.com.
- **Von 408 beobachteten Katzen schliefen ... (S. 13):** Isparta, Sevim u.a.: Lateralized sleeping positions in domestic cats, in: Current Biology, (35)2025, H. 12.
- **Bevölkerungsdichte im Einzugsgebiet der Elbe (S. 15):** eigene Recherche.
- **Faktentreue nach Parteifamilien (S. 16-17):** Törnberg, Petter; Chueri, Juliana: When Do Parties Lie? Misinformation and Radical-Right Populism Across 26 Countries, S. 11, auf: journals.sagepub.com (2025).
- **Regionale Steuerbelastung und Anzahl der Aufstände in den Jahren 1780 bis 1789 (S. 18):** Giommoni, Tommaso u.a.: Extractive Taxation and the French Revolution, S. 66, auf: papers.ssrn.com (17.4.2025).
- **Recyclingquote beim Hausmüll in europäischen Ländern (S. 19):** ec.europa.eu.
- **Anteil der Bevölkerung, der nachts kein Licht hat (S. 20):** nature.com.
- **Verbreitung von medizinischem Verschwörungsglauben (S. 21):** nature.com.
- **Auswirkungen von Slapp-Klagen auf Schweizer Redaktionen (S. 25):** Wyss Vinzenz u.a.: Juristische Klatschen gegen Medienschaffende, S. 38, auf: digitalcollection.zhaw.ch (2024).
- **Wer von Slapp-Klagen betroffen ist (S. 26):** Borg-Barthet, Justin; Farrington Francesca: Open SLAPP Cases in 2022 and 2023, S. 32, auf: europarl.europa.eu (2023).
- **Anzahl Slapp-Klagen pro Jahr (S. 27):** Coalition against Slapps in Europe (Hg.): Slapps in Europe: Mapping Trends and Cases, S. 13, auf: the-case.eu (Dezember 2024).
- **Wer die Slapp-Kläger:innen sind (S. 28):** Coalition against Slapps in Europe (Hg.): Slapps in Europe: Mapping Trends and Cases, S. 20, auf: the-case.eu (Dezember 2024).
- **Slapp-Klagen pro Land (S. 29):** Coalition against Slapps in Europe (Hg.): Slapps in Europe: Mapping Trends and Cases, S. 15, auf: the-case.eu (Dezember 2024).
- **Länder mit Grenzmauern (S. 30-31):** worldpopulationreview.com.
- **Tierzäune am Beispiel Australiens (S. 31):** Sommavilla, Fabian: 55 kuriose Grenzen und 5 bescheuerte Nachbarn, 2. Aufl., Greifswald 2021, S. 25.
- **Hitler verlor 1934 leicht an Zustimmung: Wo Autobahnen gebaut wurden, fiel der Rückgang geringer aus (S. 32):** Voigtländer, Nico; Voth, Hans-Joachim: Highway to Hitler, S. 38, auf: anderson.ucla.edu (Januar 2025); E-Mail Verkehr mit den Autoren.
- **Das häufigste Verkehrsmittel für den Weg zur Arbeit in der EU (S. 33):** eigene Recherche.
- **Mafia-Präsenz in Russland und Gulag-Standorte (S. 34):** Lonsky, Jakub: Gulags, crime, and elite violence: Origins and consequences of the Russian Mafia, S. 9, auf: sciencedirect.com (2025); Gulagmap.ru.
- **Sprachliche Trends in Medien mit unterschiedlicher politischer Ausrichtung (S. 35):** nature.com.
- **Fluchtrouten nach Europa und angekommene Geflüchtete (S. 36-37):** UNHCR.org.
- **Herkunftsländer der Patient:innen der Psychosozialen Zentren (S. 38):** Bundesweite Arbeitsgemeinschaft der psychosozialen Zentren für Flüchtlinge und Folteropfer (BAfF, Hg.): Flucht & Gewalt, S. 80, auf: baff-zentren.org (2025).
- **Wahrscheinlichkeit, bei Praxen verschiedener Fachrichtungen einen Termin zu bekommen, wenn der Name... (S. 39):** Deutsches Zentrum für Integrations- und Migrationsforschung (Hg): Rassismus und seine Symptome, S. 136-139, auf: rassismusmonitor.de (7.11.2023).
- **Psychosoziale Zentren je Bundesland (S. 40):** Bundesweite Arbeitsgemeinschaft der psychosozialen Zentren für Flüchtlinge und Folteropfer (BAfF, Hg.): Flucht & Gewalt, S. 126, auf: baff-zentren.org (2025).
- **Vertrauen in Institutionen (S. 43):** Valgarðsson, Viktor u.a.: A Crisis of Political Trust? Global Trends in Institutional Trust from 1958 to 2019, S. 18, auf: cambridge.org (12.2.2025).
- **Wohnungsmangel in den USA (S. 49):** heat.aeihousingcenter.org.
- **Tägliche Untersuchungen/Manipulationen von Gegenständen durch zwölfjährige Orang-Utans (S. 50):** nature.com.
- **Kuroshio-Strömung durch das Ostchinesische Meer entlang der Ryūkyū-Inseln (S. 51):** Kaifu, Yousuke u.a.: Paleolithic seafaring in East Asia: An experimental test of the dugout canoe hypothesis, S. 2, auf: science.org (2025); eigene Recherche.
- **Anteil der Haushalte pro Region, die mindestens 7 der folgenden Lebensstandards erfüllen (S. 52):** nature.com.
- **Wie viel Prozent der Menschen haben in den vergangenen zwölf Monaten bei Amazon Bücher gekauft? (S. 55):** Brandt, Mathias: Buchhandel, Amazon dominiert den Buchhandel fast überall, auf: statista.com (19.8.2022).
- **Amazons weltweite Expansion (S. 56-57):** eigene Recherche.
- **Amazons Umsatz & Umsatzanteile (S. 58):** eigene Recherche.
- **Amazons Anteil am Umsatz in Deutschland (S. 59):** Janson, Matthias: Handelsriese, Wie stark dominiert Amazon den deutschen Online-Handel, auf: statista.com (4.8.2025).
- **Amazons Gewinn (S. 59):** eigene Recherche.
- **Größte Arbeitgeber weltweit & Amazons Belegschaft (S. 61):** Bocksch, René: Walmart, Die größten Arbeitgeber der Weltwirtschaft, auf: statista.com (17.8.2023); eigene Recherche.
- **Wie oft passt Deutschland in ...? (S. 62-63):** Destatis; eigene Berechnung.
- **Benachteiligung von Frauen (S. 64-65):** ec.europa.eu; eigene Recherche.
- **Hier liegen die realen Tariflöhne unter dem Niveau von Corona, hier darüber (S. 66):** Wirtschafts- und Sozialwissenschaftliches Institut (Hg.): Europäischer Tarifbericht des WSI – 2024/2025, S. 11, auf: wsi.de (Juni 2025).
- **Anstieg des Mindestlohns von 2015 bis 2025 (S. 67):** Wirtschafts- und Sozialwissenschaftliches Institut (Hg.): WSI – Mindestlohnbericht 2025, S. 13, auf: wsi.de (Februar 2025).
- **Beschäftigte im Niedriglohnbereich in der EU / Deutschland / Ostdeutschland (S. 68-69):** portal-sozialpolitik.de.
- **Tarifbindung in Deutschland (S. 60):** Wirtschafts- und Sozialwissenschaftliches Institut (Hg.): Tarifbindung in den Bundesländern, S. 5, S. 12ff, auf: wsi.de (April 2024).
- **Ohne Tarifvertrag hat man im Schnitt... (S. 70):** Wirtschafts- und Sozialwissenschaftliches Institut (Hg.): Tarifbindung in den Bundesländern, S. 12ff, auf: wsi.de (April 2024).
- **Gewerkschaftlicher Organisationsgrad (S. 71):** rplumber.ilo.org.
- **Aalschmuggel (S. 72):** Fabro, Keith A.: Glass eel smuggling booms despite bans, leaving species on the brink, auf: news.mongabay.com (23.6.2025).
- **Verbreitungsgebiet und Lebenszyklus des Aals (S. 73):** Couch, Christina: The Mysterious, Vexing, and Utterly Engrossing Search for the Origin of Eels, auf: hakaimagazine.com (13.9.2022).
- **Rückgang des Aals (S. 74-75):** ICES (Hg.): European eel (Anguilla anguilla) throughout its natural range, S. 1, auf: doi.org (4.11.2021).
- **Anteil der Befragten... (S. 77):** ipsos.com.
- **Gefahrenkarten für Radfahrer: (S. 78):** Daten von den Autor:innen der Studie (2025).
- **Anteil der Bevölkerung, der bereit ist, ein Prozent des Einkommens für Klimaschutz zu spenden (S. 80-81):** Andre, Peter; u.a.: Globally representative evidence on the actual and perceived support for climate action, S. 5, auf: nature.com (9.2.2024).
- **Wie viel Land Russland in der Ukraine besetzt hat. Wie viel das in anderen Ländern wäre: (S. 82-83):** eigene Recherche.